JUTTA KRUMDORF

MACH'S MÖGLICH!

SELBST VERSORGUNG

MIT WENIG PLATZ

Wie Sie Ihr Hochbeet selbst bauen, anlegen und rund ums Jahr bepflanzen

IMPRESSUM

Deutschsprachige Erstausgabe Oktober 2020
Copyright© 2020 Jutta Krumdorf
Imprint: Buchfaktur Verlag
Nils Schneider – Herderstr. 87 – 50935 Köln

Covergestaltung und Satz: Wolkenart -
Marie-Katharina Becker, www.wolkenart.com
Bildmaterial ©Shutterstock.com

Buchfaktur Verlag
1. Auflage
ISBN: 978-3-949157-00-4

INHALT

EINFÜHRUNG IN DIE SELBSTVERSORGUNG

SELBSTVERSORGUNG FÜR EIN GLÜCKLICHERES LEBEN!

Haben Sie auch genug von den steigenden Meldungen über Skandale in der Lebensmittelbranche, dem Einsatz von zu viel Chemie bei der Unkraut- und Schädlingsbekämpfung, unwürdiger Tierhaltung sowie mörderischen Tiertransporten? Sie möchten am liebsten auf unreif geerntetes Obst und Gemüse aus fernen Ländern verzichten, welches mittels Bestrahlung oder chemischen Wegen haltbar gemacht worden sind? Dann heiße ich Sie herzlich willkommen im Kreise der Selbstversorger!

Natürlich ist hier keine einhundertprozentige Selbstversorgung gemeint, denn diese würde schließlich auch die Haltung von Schweinen, Kühen, Hühnern und anderem Nutzvieh sowie den Anbau von Futtermitteln umfassen. Nein, bei der hier angestrebten Selbstversorgung geht es um den Anbau von Gemüse, Salat, Kräutern, Beeren und Obst auf kleinstem Raum in der Wohnung, auf dem Balkon oder im Kleingarten.

Um der fleischverarbeitenden Industrie die Stirn bieten zu können, bleibt Ihnen nach wie vor entweder der Verzicht auf Lebensmittel tierischen Ursprungs oder Sie finden einen Metzger bzw. Hofladen, von dem Sie überzeugt sind, dass die angebotenen Produkte von Tieren stammen, die artgerecht gehalten und geschlachtet wurden.

Was pflanzliche Nahrungsmittel angeht, müssen Sie als Selbstversorger jedoch nicht länger auf die Sorgfalt anderer vertrauen, sondern können einen Großteil Ihres Bedarfs selbst abdecken.

Die moderne Selbstversorgung ermöglicht ganzjährige Erträge auf kleinstem Raum. Das Geheimnis liegt in einer ausgeklügelten Form des permanenten Anbaus, der Konservierung frischer Nahrungsmittel und ein wenig Know-how über die zeitlichen Abläufe von Anpflanzungen und Ernten.

Natürlich ist die Selbstversorgung auch in unserer heutigen modernen Zeit mit etwas Arbeitseinsatz verbunden. Dafür können Sie Lebensmittel genießen, die garantiert frei von Schadstoffen und erntefrisch sind. Ein weiterer, nicht zu verachtender Vorteil ist die Entlastung der Umwelt. Keine Wege zum nächsten Supermarkt, kein Verpackungsmüll und kein CO^2-Ausstoß belasten das Klima. Vielmehr leisten Sie einen kleinen, aber nicht unwesentlichen Beitrag zum Erhalt der Artenvielfalt von Vögeln und Insekten, verbessern die Luft und verschwenden keine pflanzlichen Lebensmittel. Denn was nicht gegessen oder haltbar gemacht wird, landet im Kompost und trägt somit zu ertragreichen Ernten in der nächsten Saison bei.

Sie werden schnell feststellen, dass selbst angebautes Obst und Gemüse sehr viel besser schmeckt als das industriell aufgearbeitete Grünzeug aus dem Supermarkt. Selbst Bioläden können mit der Frische Ihrer Ernte nicht mithalten.

Gesunde Ernährung wird auf diese Weise sehr bald zu Ihrem Alltag gehören und Sie werden innerhalb kürzester Zeit gerne auf die frischen Nahrungsmittel in Ihrem Beet zurückgreifen sowie auf Fast Food oder verarbeitete Lebensmittel immer mehr verzichten können. Ein kleines Kräuterbeet verleiht allen Speisen das gewisse Etwas, sodass Fertigwürzmittel aus Ihren Vorratsregalen mehr und mehr verschwinden und gesunder Würze Platz machen.

Ein Hochbeet in der Wohnung, auf dem Balkon, der Terrasse oder im Kleingarten wird sicherlich nicht vollständig ausreichen, um Ihren Bedarf an gesunden Lebensmitteln das ganze Jahr über zu decken. Mit der richtigen Anbauweise lohnt sich der Aufwand aber allemal. Den Rest werden Sie garantiert schnell aus Überzeugung nur noch im Bio-Laden oder einem Bauernmarkt einkaufen. Lassen Sie sich bei Ihrem Speiseplan ruhig öfter einmal von vegetarischen Rezepten inspirieren. Sie werden schnell merken, wie gut die Selbstversorgung Ihrer Gesundheit tut.

Apropos Gesundheit, die frische Luft und die, wenn auch nicht sehr anstrengende, tägliche Arbeit in Ihrem kleinen Garten werden bald ihr Übriges für Ihr Wohlbefinden beitragen. Nicht umsonst zählt entspannte Gartenarbeit zu den meditativen Übungen für Körper und Geist.

Lassen Sie sich also ruhig auf das Experiment Selbstversorgung mit wenig Platz ein und erleben Sie die Kunst des Lebens auf einer ganz neuen und modernen Ebene.

1. PERMAKULTUR & MISCHKULTUR - DIE GEHEIM-NISSE DER ERFOLGREICHEN SELBSTVERSORGUNG

Wer auf kleinstem Raum sein Obst und Gemüse anbauen möchte, braucht ein ausgeklügeltes System, um ertragreiche Ernten erzielen zu können. Auch ohne gärtnerische Erfahrung wird wohl schnell klar, dass ein wenig Erde aus dem Baumarkt in einem Pflanzkübel nicht des Rätsels Lösung sein kann.

Was also tun, um auch auf einem Balkon, einer Terrasse, ja sogar im Wohnzimmer ein funktionierendes Ökosystem zu erschaffen, welches das ganze Jahr über für frisches Grün sorgt? Zwei Systeme machen sich bei der urbanen Selbstversorgung besonders gut und diese möchte Ihnen kurz vorstellen.

1.1. PERMAKULTUR - DEM KREISLAUF DER NATUR FOLGEN

Seit die Landwirtschaft und der Gartenbau immer mehr industrialisiert wurden, geriet der natürliche Kreislauf zwischen säen, anbauen und ernten immer mehr in den Hintergrund. Riesige Gewächshäuser mit künstlichem Licht und Wärmequellen ermöglichen es mittlerweile, dass man das ganze Jahr über Obst und Gemüse außerhalb seiner eigentlichen Saison bekommen kann. Und was bei uns nicht wächst, wird per Schiff oder Luftfracht aus fernen Ländern importiert. Da stellt sich sicher so mancher die Frage, ob dieses Obst und Gemüse wirklich noch gesund sein kann – von den Schäden für die Umwelt ganz zu schweigen.

Wenn Sie sich also tatsächlich gesund ernähren möchten, sollten Sie sich an das halten, was Ihnen die jeweiligen Jahreszeiten bereithalten. In den Monaten ohne abwechslungsreiche Ernte wird dann auf schonend haltbar gemachte Ernteerträge zurückgegriffen. Ganz im Einklang mit der Natur. Dieses Prinzip steckt auch in der Permakultur. Der Begriff setzt sich aus den englischen Wörtern „permanent" und „agriculture" zusammen, was übersetzt nichts anderes als dauerhafte Landwirtschaft bedeutet. Im Gegensatz zur industriellen Monokultur baut die Permakultur auf die Nutzung natürlicher Ressourcen und den nie endenden Kreislauf der Pflanzenwelt auf. Statt die Böden durch immer gleiche Anpflanzungen auszulaugen und dann künstlich düngen zu müssen, wird bei der Permakultur auf ökologisch sinnvollen Anbau mit wechselnder Fruchtfolge gesetzt. Auch die Bekämpfung von Ungeziefer und Schädlingen geschieht nicht durch Pestizide, sondern einer entsprechenden Bepflanzung oder dem Einsatz von nützlichen Insekten. Die Kombinationen von verschiedenen Pflanzen schützen vor Krankheiten sowie Schädlings- und Pilzbefall. Das kennen Sie von irgendwoher? Stimmt, das Prinzip der Mischkultur baut genau darauf auf und ist ein tragender Bestandteil der Permakultur. Daher soll später auch noch genauer auf das Thema Mischkultur eingegangen werden.

Sinn der Permakultur ist die Nutzung der natürlichen Abläufe, um durch in sich geschlossene Stoffwechselkreisläufe ein Ökosystem zu erschaffen, das sich quasi selbst erhält. In diesem Ökosystem spielen kompostieren, mulchen, eine natürliche Wasserversorgung und organische Düngung neben der Mischkultur eine entscheidende Rolle.

Noch wichtiger wird die Permakultur für die urbane Selbstversorgung auf relativ kleinem Raum. Um das Beet ertragreich zu halten und trotzdem biologisch anbauen zu können, sollte alles, was das Hochbeet im kleinen Garten, auf der Terrasse oder dem Balkon hergibt und nicht verspeist wird, auch wieder als Dünger in das Beet zurückgegeben werden. Durch die natürliche Düngung mit selbst angebautem Pflanzenmaterial kann ein Hochbeet viel mehr Ertrag bringen, als Sie sich vorstellen können.

Ein weiterer Baustein der Permakultur ist die Einbeziehung von natürlichen Begebenheiten wie Sonneneinstrahlung, Wind und Klima. Hierfür ist es förderlich, dass Sie den für Ihr Beet vorgesehenen Standort über eine geraume Zeit beobachten. So können Sie den optimalen Sonneneinfall ermitteln und ungünstige Witterungseinflüsse feststellen. Für ein gesundes Wachstum brauchen die Pflanzen zwar immer ausreichend Licht, sollten aber im Frühjahr und im Sommer nicht zu viel Sonne abbekommen. In den trüberen Monaten von Herbst und Winter wiederum braucht es Licht und Sonne, da sonst nichts mehr wachsen würde. Optimal ist eine Nord-Süd-Ausrichtung des Hochbeetes. Zusätzlich muss an einen Wind- und Kälteschutz ebenso gedacht werden wie an eine natürliche Beschattung sonnenempfindlicher Pflanzen. All dies kann jedoch mit der richtigen Bepflanzung durch Nutzpflanzen gewährleistet werden. Etwas schwieriger ist das Auffangen von Regenwasser, welches für die Permakultur eigentlich unersetzlich ist. In einem Garten oder auf einer Terrasse lässt sich das kostbare Nass relativ einfach auffangen, auf einem Balkon in einem Mehrparteienhaus ist das schon nicht mehr ganz so einfach. Aber auch dafür gibt es recht interessante Lösungen, die mit geringem Materialaufwand zu bewerkstelligen sind.

1.2. NATÜRLICHES WACHSTUM DURCH MISCHKULTUR

Vor allem wenn Sie gute Erträge auf kleinstem Raum und ohne den Einsatz von Chemie sowie anderen Giften erzielen möchten, ist eine ausgeklügelte Mischkultur die beste Möglichkeit, Ihre Pflanzen auf natürlichem Weg gesund zu halten.

Während bei Monokulturen durch Schädlings- oder Krankheitsbefall meist der gesamte Pflanzenbestand gefährdet ist, ist es bei der Mischkultur meist nur ein Teil der Ernte. Mit der optimalen Zusammensetzung verschiedener Pflanzen können Sie sogar präventiv gegen schädliche

Befälle vorgehen, ohne die chemische Keule schwingen zu müssen. Doch das ist bei Weitem nicht alles, was eine Mischkultur für den Anbau Ihres Selbstversorger-Beetes zu bieten hat.

Durch die Nutzung von Licht und Schatten, dem Anbau von oberirdischen und unterirdischen Früchten und den unterschiedlichen Erntezeiten können Sie ein Beet in Mischkultur wesentlich intensiver nutzen, als dies bei einer Monobepflanzung möglich wäre. Richtig angeordnete Pflanzen, hierbei ist nicht in Reih und Glied gemeint, sondern die richtige Kombination aus sich ergänzenden Pflanzen. Diese können sich bei der Versorgung mit Nährstoffen ergänzen und laugen den Boden durch ihre unterschiedlichen Nährstoffbedürfnisse wesentlich weniger aus. Ändert man Jahr für Jahr die Bepflanzung des Beetes oder unterteilt das Beet in mehrere Anbauflächen, bleibt die Qualität des Bodens über einen längeren Zeitraum erhalten.

Wenn Sie sich also für Ihre urbane Selbstversorgung ein kleines Biotop anlegen möchten, welches Sie das ganze Jahr über mit gesunden Leckereien aus der Natur verwöhnt, ist ein Anbau in einer Kombination aus Permakultur und Mischkultur genau richtig.

Wussten Sie, dass Knoblauch und Erdbeeren sich im Beet bestens vertragen? Oder dass Basilikum nicht nur auf dem Teller bestens mit Tomaten harmoniert? Genau hier liegt das Geheimnis der Mischkultur. Durch die richtige Kombination von Pflanzen werden Schädlinge und Krankheiten abgewehrt und dicht gesetzte Pflanzen nützen einander und behindern sich nicht beim Wachstum. Aber Vorsicht, wenn Sie die falschen Pflanzen miteinander verpaaren, kann das Ganze schnell ins Gegenteil umschlagen und Sie haben am Ende leider nur schlechte Erträge.

Damit Ihnen Ihr Beet möglichst lange gute Erträge liefert, darf es nicht jedes Jahr mit dem gleichen Gemüse bepflanzt werden. Hierfür gibt es in der Mischkultur Empfehlungen für die richtigen Fruchtfolgen, damit der Boden sich erholen kann. Übrigens, so manche Pflanze macht sich nicht nur auf dem Speiseplan gut, sondern eignet sich auch hervorragend zur Gründüngung, zum Mulchen oder als Jaucheansatz. Alles natürliche Dünger, mit denen Sie Ihrem Beet garantiert etwas Gutes tun. Ab dem Spätherbst oder ganz zeitig im Frühjahr darf dann der Kompost, der sich im Laufe des Erntejahres angesammelt hat, das Beet mit neuen Nährstoffen versorgen. Mit der richtigen Methode lassen sich die Gartenabfälle schnell kompostieren und stehen dann rechtzeitig und in geeigneter Form für die Düngung zur Verfügung. Es gibt sogar spezielle Vorrichtungen, mit denen Sie auch in der Wohnung kompostieren können. Ganz ohne Sauerei oder Geruchsbelästigung.

Da sich außer Erdbeeren nur sehr wenige Obstsorten für den Anbau im Hochbeet eignen, könnten Sie Beerensträucher bzw. Spalier- und Säulenobst in geeignete Pflanzkübel setzen. So können Sie die Obstgewächse als natürliche Schattenspender, Windschutz oder sogar Sichtschutz einsetzen. Das im Herbst anfallende Laub dient der Kompostierung und Fallobst kann als Düngung im Selbstversorger Beet verteilt werden oder dient verschiedenen Insekten als Nahrung. Die Gartenabfälle des Hochbeetes wiederum sorgen als Kompost für den nötigen Energieschub in den Kübeln für das Obst, wodurch wir wieder beim Thema Permakultur angekommen wären.

Wie Sie unschwer erkennen können, gehen Permakultur und Mischkultur Hand in Hand. Wobei die Permakultur ohne Mischkultur nicht auskommt, Mischkultur aber nicht unbedingt als Permakultur angelegt sein muss, es aber auf natürlichem Weg meist ganz von alleine wird.

Bevor Sie sich nun an die Planung für Ihr urbanes Selbstversorger-Hochbeet in Mischkultur machen, sollten Sie sich noch ein paar Dinge zu Herzen nehmen. So ganz ohne ist die Planung eines solchen Beetes nämlich nicht, wenn Sie alles richtig machen möchten. Aber keine Sorge, aller Anfang ist schwer und mit der Zeit bekommen Sie die nötige Erfahrung, um Ihr eigenes Obst und Gemüse genießen zu können.

Da sich fast alle Salatsorten, Kräuter (auch Unkräuter) und Gemüsearten für die Mischkultur eignen, haben Sie eine recht große Auswahl an Pflanzen für Ihr urbanes Selbstversorger-Projekt. So können Sie die Bepflanzung immer wieder ändern und neu zusammenstellen. Wichtig dabei ist, dass Sie nicht dasselbe Gemüse jedes Jahr wieder an der gleichen Stelle anbauen. Als Faustformel gilt, dass die gleiche Fruchtfolge nur alle drei bis vier Jahre erfolgen sollte. Für ein Hochbeet mit Mischkultur würde dies bedeuten, dass Sie es entweder tatsächlich im vierjährigen Turnus unterschiedlich bepflanzen oder aber das Hochbeet in mehrere Parzellen unterteilen. Aber Achtung, einfach reihum durchwechseln geht nicht unbedingt, da einige Gemüsesorten nicht hintereinander im selben Beet angepflanzt werden sollten. Bekanntestes Beispiel sind Erbsen und Bohnen, die nicht nacheinander im selben Boden angepflanzt werden sollten.

Eine Möglichkeit, den Boden optimal zu nutzen, ist beispielsweise die Aufteilung in drei oder vier Parzellen: eine für Starkzehrer, also Gemüse, das einen hohen Nährstoffbedarf hat, wie zum Beispiel Blumenkohl, Brokkoli, Tomaten oder Zucchini. Die andere Parzelle ist den Sorten mit einem mittleren Bedarf an Nährstoffen wie Knoblauch, Paprika, Salat oder Spinat vorbehalten. In die dritte Parzelle kommen schließlich die sogenannten Schwachzehrer, zu denen Bohnen, Erbsen, aber auch Radieschen und Zwiebeln gehören. Die vierte Parzelle ist der Gründüngung vorbehalten. Jedes Beet wird abwechselnd erst mit Starkzehrern, dann mit Mittelzehrern und zum Schluss mit den schwach zehrenden Gemüsesorten bepflanzt, bevor es sich für eine Saison mit Gründüngung erholen darf. Zwischendurch können die Beete gerne mit Brennnesseljauche, etwas reifen Kompost oder Mulch gedüngt und vor allzu schnellem Austrocknen geschützt werden. Auf diese Weise können Sie im Herbst oder im zeitigen Frühjahr auch das Beet für die Starkzehrer aufpeppen, wenn Sie keine Parzelle für die Gründüngung erübrigen möchten.

Klingt ganz schön kompliziert oder? Ist es aber nicht. Mit einer guten Planung und einer Skizze über die Bepflanzung der jeweiligen Parzellen behalten Sie stets die Übersicht. Listen mit den entsprechenden Aufzählungen über den Nährstoffbedarf und Verträglichkeit der Pflanzen sowie den möglichen Fruchtfolgen helfen bei der Erstellung des notwendigen Gartenplans, auch wenn das Beet nur wenige Quadratmeter groß ist.

Da auf einem Balkon, einer Terrasse oder einem kleinen Garten der Platz für ein Beet meist recht begrenzt ist und Sie auch kein Beet auf dem Bodenbelag von Balkon oder Terrasse anlegen können, brauchen Sie eine Beet-Form, in der Sie auf kleinstem Raum optimale Bedingungen schaffen können. Sie ahnen schon, um welches Beet es sich handeln könnte? Ganz richtig: das Hochbeet, welches Sie in den unterschiedlichsten Bauweisen sogar selber bauen können.

1.3. DARUM IST EIN HOCHBEET FÜR DIE SELBSTVERSORGUNG AUF KLEINSTEM RAUM SO IDEAL

Wer nur die Wohnung, einen Balkon, eine Terrasse oder einen kleinen Garten zur Verfügung hat, muss mit wenig Anbaufläche auskommen. Um hier platzsparend ein ertragreiches Beet anlegen zu können, das über genügend Bodenmaterial verfügt, geht man am besten in die Höhe. Die verschiedenen Schichten, aus denen die Befüllung eines Hochbeetes besteht, erfüllen einige wichtige Faktoren für guten Wachstum. So kann ein Hochbeet die besonderen Bedingungen auf einem Balkon oder auf einer Terrasse sehr gut ausgleichen. Aber auch in einem kleinen Garten hat ein Hochbeet gegenüber einem normalen Beet einiges an Vorteilen zu bieten.

Wie der Name schon verrät, wird das Hochbeet nicht am Boden, sondern in einer rückenfreundlichen Höhe angebaut. Mühsames Bücken und Knien, um Samen oder Jungpflanzen in den Boden zu bringen, entfallen komplett. Auch Unkraut jäten fällt in aufrechter Haltung um ein Vielfaches leichter und wird schon allein aus diesem Grund vielleicht sogar gründlicher gemacht, als es eigentlich notwendig wäre.

Hinweis: Manches Unkraut, wie zum Beispiel die Brennnessel, schmeckt nicht nur sehr lecker und ist ausgesprochen gesund, sondern eignet sich auch hervorragend zur Schädlingsbekämpfung oder Düngung.

Ein weiterer, nicht zu verachtender Vorteil beim Anbau in einem Hochbeet ist der sehr effektive Schutz vor Schädlingsbefall. Sicher kennen Sie den einen oder anderen Hobbygärtner, der morgens mit Tränen in den Augen in seinem Salatbeet stand, weil eine Horde Schnecken dieses über Nacht radikal gestutzt hat. Das wird Ihnen bei Ihren Salatköpfen im Hochbeet garantiert nicht passieren. Gut, auf einem Balkon dürften Schnecken kein wirkliches Problem werden, auf einer Terrasse können Sie aber durchaus den einen oder anderen Kübel erklimmen und zu ordentlichen Fraßschäden führen.

Tja, und dann gibt es noch die netten kleinen Viecher, die Ihre Pflanzen von unten massiv beschädigen können. Wühlmäuse und Feldmäuse laben sich nämlich recht gerne an den Wurzeln und können so ebenfalls erheblichen Schaden anrichten. Im Gegensatz zu einem Beet am Boden kann man bei einem Hochbeet, das in einem Garten aufgestellt wird, seine Pflanzen sehr effektiv vor unterirdischen Wurzelfressern wie Wühl- oder Feldmäuse schützen. Dazu wird am Boden des Hochbeetes ein engmaschiges Gitter so angebracht, dass die kleinen Untiere keine Chance haben, zu den Wurzeln vorzudringen. Wenn das Hochbeet auf einer Terrasse oder einem Balkon steht, brauchen Sie diesen Aufwand zwar nicht betreiben, sollten aber Vorkehrungen treffen, damit der Bodenbelag nicht durch austretendes Wasser verschmutzt wird.

Neben den ergonomischen Vorteilen und dem Schutz vor so manchen Schädlingen bietet der Anbau in einem Hochbeet noch weitere, ganz erhebliche Vorzüge gegenüber dem herkömmlichen Anbau in der Erde. Da wäre zum einen die Tatsache, dass Sie ein normales Beet auf einem Balkon oder einer Terrasse gar nicht anlegen können. Für diese Lokation eignen sich wirklich nur Beete, die das Erdreich sicher in ihrem Inneren aufbewahren. Mit der richtigen Ausstattung können Sie ein solches Hochbeet sogar im Wohnzimmer aufstellen.

Eine weitere Besonderheit bei dieser Beet-Form liegt im Aufbau und der Befüllung der Anbaufläche. Hochbeete werden mit verschiedenen Materialien schichtweise gefüllt. Durch die verschiedenen Schichten werden unterschiedliche Verrottungsprozesse in Gang gesetzt, die zum einen für Wärme im Boden, zum anderen für eine regelmäßige Abgabe an Nährstoffen sorgen.

Je nachdem, ob das Beet bis auf den Boden hinuntergeht oder auf Füßen steht, sind die einzelnen Schichten mehr oder weniger hoch, der Grundaufbau bleibt aber immer gleich. Wichtig ist der Abschluss mit einer Schicht guter Gartenerde von etwa 30 cm. Diese Höhe reicht für das Wachstum der meisten Pflanzen für die urbane Selbstversorgung aus.

Keine Sorge, das Hochbeet muss nicht jedes Jahr neu befüllt werden. Zwar sinkt das Füllmaterial durch die Verrottung im Laufe der Zeit etwas in sich zusammen, dafür entsteht aber Platz für die Kompostzugabe im Herbst und im Frühjahr. Nach etwa vier Jahren sollte ein Hochbeet jedoch tatsächlich ausgeleert und neu befüllt werden, da sonst die positiven Eigenschaften der Verrottung nicht mehr gegeben sind.

Auch wenn Sie keinen eigenen Garten oder Freunde und Bekannte mit Garten haben, können Sie fast ohne Kosten an das benötigte Füllmaterial herankommen. Ein Ausflug in den nahe gelegenen Park oder ein Waldspaziergang deckt bereits einen Großteil des benötigten Pflanzgutes für die unteren Schichten ab. Kompost bekommen Sie bei den meisten Wertstoffhöfen und Gärtnereien frisch oder, wenn Sie möchten, fertig abgepackt in Baumärkten oder Gartencentern. Lediglich für die oberste

Erdschicht sollten Sie ein paar Euro mehr ausgeben und auf gute Gärtnerqualität ohne Torf Wert legen. Für die Zukunft produzieren Sie dann die kostbare Komposterde selbst, sodass Sie nur alle paar Jahre wieder einen ausgiebigen Spaziergang unternehmen müssen.

Vermutlich juckt es Sie bereits in den Fingern und Sie möchten sich voller Tatendrang an Ihr Selbstversorger-Hochbeet machen. Damit Ihnen dies auch wirklich gelingt, finden Sie in den folgenden Kapiteln alles Wissenswerte rund um das Hochbeet und die geeignete Bepflanzung.

2. DIY - IHR INDIVIDUELLES HOCHBEET PLANEN, BAUEN UND UMSETZEN

Damit es mit der Selbstversorgung in kleinem Rahmen auch wirklich klappt, brauchen Sie die richtigen Anbaumöglichkeiten. Das Prinzip des Hochbeetes lässt sich auf sehr individuelle Weise immer wieder neu gestalten. So wird sich sicher auch die passende Idee für Ihr Selbstversorger-Hochbeet auf kleinstem Raum finden lassen.

WENN SCHON, DENN SCHON!

Wenn schon Selbstversorgung, dann richtig. Neben dem eigenen Anbau von Gemüse, Kräutern, Salat und der ein oder anderen Obstsorte können Sie sich auch Ihr eigenes Hochbeet selber bauen. Das ist dann fast so, als würden Sie den Boden in Ihrem Garten bestellen, bevor Sie mit der Aussaat beginnen. Ein tolles Gefühl und die Vorfreude auf zu erwartende Erträge steigt mit jedem Handgriff.

Ein weiterer Vorteil, der für ein selbst gebautes Hochbeet in Ihrem Selbstversorger-Garten (der durchaus auch im Wohnzimmer entstehen kann) spricht, ist die individuelle Gestaltungsmöglichkeit. Dadurch können Sie das vorhandene Platzangebot so gut wie möglich ausschöpfen und eventuell sogar ein Highlight für Ihr Wohnzimmer, den Balkon, Terrasse oder den Kleingarten erschaffen. Ein Hingucker ist ein selbst gebautes Hochbeet in jedem Fall!

DIY-HOCHBEET - OPTIMALE ERTRÄGE MIT KLEINEM BUDGET

Natürlich könnten Sie sich Ihr Hochbeet auch einfach kaufen. Aber ob Sie tatsächlich die für Sie optimale Lösung finden, ist eher fraglich. Sobald die Ansprüche über den Standard hinausgehen (was für einen echten Selbstversorger gar nicht unüblich ist) wird es richtig teuer. Meist haben Sie dann zwar ein hübsches Gestell, das nötige Zubehör für eine Bepflanzung in der Wohnung oder auf dem Balkon fehlt aber noch. Spätestens dann müssen Sie sich Ideen und geeignetes Material für Ihr selbst kreiertes Hochbeet besorgen.

Manchmal kommen die Einfälle ganz von alleine, wenn man das zur Verfügung stehende Material kennt. Wenn Sie im Sinne der Selbstversorgung Ihr Hochbeet aus Paletten oder Holzkisten bauen und damit einen ökologisch wertvollen Beitrag für die Umwelt leisten, schauen Sie sich am besten im nahe gelegenen Gewerbe- oder Industriegebiet um. Bei den dort ansässigen Unternehmen fallen oft Einwegpaletten oder Holzkisten an, die nicht wieder verwendet werden und manchmal kostenlos oder gegen einen kleinen Obolus abgegeben werden. Dann brauchen Sie nur noch das richtige Werkzeug sowie Zubehör und schon kann es losgehen.

Wenn Ihre handwerkliche Kreativität noch in den Kinderschuhen steckt und Sie Ihr Selbstversorger-Projekt lieber mit Anleitung verwirklichen, finden Sie in den folgenden Kapiteln ein paar Hochbeetvarianten und deren Bauanleitung. Diese können Ihnen als Inspiration und Anhaltspunkt dienen.

Sobald Sie Ihr Hochbeet von A – Z selber planen, sind alle Komponenten aufeinander abstimmbar. So können Sie zum Beispiel bei einem vertikalen Hochbeet die Tiefe der einzelnen Etagen variieren, um verschiedene Gemüsesorten anbauen zu können. Während Kräuter und Pflücksalat mit einem flacheren Beet auskommen, darf es für Radieschen, Kohlrabi oder Spinat ruhig etwas mehr Erde sein. Bei einem vorgefertigten Hochbeet wird es dann schon schwierig. Bei der eigenen Planung ist ein Brett mehr bei der Umrandung und ein paar Zentimeter mehr Folie schon die halbe Miete.

Sie sehen, auch wenn Sie sich ein fertiges Hochbeet kaufen würden, kommen Sie um die eine oder andere Planung hinsichtlich des Auf- und

Anbaus nicht herum. Warum dann also nicht von Anfang an ein stimmiges Konzept für Ihr ganz persönliches Selbstversorger-Hochbeet entwickeln? Sie sind handwerklich nicht sehr geschickt? Dann hören Sie sich doch einfach einmal in Ihrem Bekanntenkreis um. Sicher findet sich hier der ein oder anderen Hobbybastler, der Ihnen gerne zur Hand geht. Mit Ihrer tatkräftigen Unterstützung und Bewunderung für das handwerkliche Können werden Sie bald zu Ihrem individuellen Hochbeet in Eigenkreation kommen. Und wenn Sie das nächste Hochbeet in Angriff nehmen, können Sie es vielleicht schon ganz alleine. Wobei, eine helfende Hand kann beim Zusammenbau nie schaden und seien wir mal ehrlich: zu zweit macht es meist auch viel mehr Spaß.

Damit Sie alleine oder mit Unterstützung nach der Planung und der Materialbeschaffung auch wirklich ans Werk gehen können, finden Sie in Kapitel 3 eine Zusammenstellung der benötigten Werkzeugausrüstung.

Der Stolz eines jeden Gärtners ist eine erfolgreiche Ernte. Sie ist der Lohn für all die Bemühungen und die fleißigen Stunden der Gartenarbeit. Ein ähnliches Gefühl werden Sie erleben, wenn Sie Ihr selbst gebautes Hochbeet so nach und nach vom Plan bis zum Zusammenbau wachsen sehen und sich dann endlich am fertigen Kunstwerk erfreuen dürfen.

2.1. LAGE UND GEGEBENHEITEN

Bevor Sie sich an die Planung für Ihr Hochbeet machen, sollten Sie sich mit der möglichen Größe, dem Standort und den gewünschten Erträgen auseinandersetzen.

Während Kräuter und manche Salatsorten fast überall wachsen können, wird es bei Gemüse und Obst schon schwieriger. Das gilt besonders für die dunklere Jahreszeit, wenn das Licht immer weniger wird. Genau dieses brauchen Pflanzen aber um gut zu gedeihen.

Ein weiterer Faktor ist die Temperatur. Manche Gemüsepflanzen brauchen zwar viel Licht, würden aber die Wärme im Wohnzimmer oder auf dem Fensterbrett über einem Heizkörper nicht vertragen. Auch niedrige Temperaturen oder Frost können natürlich die Anbauzeit in einem Hochbeet einschränken. Dann nämlich, wenn es auf einem Balkon, einer Terrasse oder einem kleinen Garten steht. Hier haben Sie drei Möglichkeiten, um die Erntesaison zu verlängern:

- Sie planen ein Frühbeet für Ihr Hochbeet mit ein,
- das Hochbeet kann nach drinnen geholt werden oder
- Sie planen gleich ein Hochbeet für draußen und eines für drinnen.

Ein Frühbeet können Sie relativ einfach und passend für Ihr Selbstversorger-Hochbeet selber machen. Im Prinzip ist ein Frühbeet nichts anderes als ein Gewächshaus, nur kleiner. So können Sie in der Größe des Hochbeetes einen Holzrahmen konstruieren, der dann mit einer festen, durchsichtigen Folie bespannt wird. Ganz praktisch, aber handwerklich nicht ganz einfach, ist eine Konstruktion mit Deckel, damit Sie leichter an Ihre Pflanzen herankommen. Einfacher ist ein Folientunnel, bei dem die Folie nur zusammengerollt wird, wenn die Pflänzchen gegossen werden oder es zu warm unter der Abdeckung wird. Es gibt aber auch Frühbeete in verschiedenen Größen aus Doppelstegplatten, die einfach zusammenzubauen sind und recht lange halten. Nur sollten Sie die Maße eines vorgefertigten Frühbeetes dann bei der Planung Ihres Hochbeetes berücksichtigen.

Etwas schwieriger wird es, wenn Sie das Hochbeet tatsächlich ins Wohnzimmer holen wollen. Dann darf es entweder nicht zu schwer sein oder sollte auf Rollen stehen. Außerdem darf das Gießwasser nicht durchdringen. Aber dagegen haben Sie vermutlich schon bei der Planung Vorkehrungen getroffen, da auch der Bodenbelag von Balkon und Terrasse sauber gehalten werden soll.

Der optimale Standort für ein Hochbeet ist eine Nord-Süd-Ausrichtung. Nun ist das in einer Umgebung mit nur wenig Platz natürlich nicht immer möglich. Nichtsdestotrotz müssen Sie auf ausreichend Tageslicht für Ihre Pflanzen achten. Ein Fenster an der Nordseite ist daher schlichtweg ungeeignet. Ein Südfenster bietet die meisten Sonnenstunden, birgt aber auch eine Gefahr für die Pflanzen. Das Sonnenlicht ist durch das Fenster noch intensiver und kann bereits im Frühjahr zu Verbrennungen an den zarten Triebspitzen führen. Hier also auch eine mögliche Beschattung (das kann auch ein ausgedienter Regenschirm sein) mit einplanen. Am intensivsten ist die Sonne an einem Standort mit südwestlicher Ausrichtung. Ost- und Westfenster bieten zwar nicht ganz so viel Licht, haben aber eher nicht das Problem mit zu starker Sonneneinstrahlung. Wenn das Tageslicht dennoch nicht ausreichen will, gibt es noch die Möglichkeit, auf künstliche Lichtquellen zurückzugreifen. Die sind aber wirklich nur für den Anbau in der Wohnung eine Lösung. Draußen auf dem Balkon, der Terrasse oder im Kleingarten kann man getrost der Natur ihren Lauf lassen.

Auch auf einem Balkon kann ein Sonnenschirm als Schattenspender an manchen Tagen notwendig sein. Besser noch sind natürliche Schattenspender wie Säulenobst oder Sträucher. Wenn der Platz auf dem Balkon oder der Terrasse ausreicht, sollten Sie unbedingt etwas von diesen Pflanzen mit in die Planung einbeziehen. Letztendlich bereichern Sie mit diesen zusätzlichen Anpflanzungen sogar noch Ihr Selbstversorger-Angebot.

2.2. ERFASSUNG DER HOCHBEET GRÖßE

Eigentlich kann das Hochbeet gar nicht groß genug sein. Aber da der Platz auf einem Balkon, der Terrasse oder in einem kleinen Garten leider beschränkt ist, kommen Sie um ein wenig Ausmessen nicht herum. Das gilt natürlich auch für ein Hochbeet in der Wohnung. Wenn Sie den optimalen Standort für Ihr Selbstversorger-Hochbeet gefunden haben, kennen Sie in etwa das zur Verfügung stehende Platzangebot. Bevor Sie jedoch den vorhandenen Platz komplett für Ihr Beet bemessen, sollten Sie bedenken, dass Sie einiges an Gartengeräten und auch einen Platz für den Kompost brauchen. Zwar gibt es Hochbeete, die unter der Anbaufläche Platz bieten, doch dieser füllt sich in der Regel schnell mit allerlei Kleinkram, den man für die tägliche Pflege des Beetes braucht.

Dann kommt es natürlich auch noch darauf an, wie viel Platz Sie auf dem Balkon oder der Terrasse für einen gemütlichen Aufenthalt haben möchten. Ein kleiner, runder Tisch mit ein oder zwei Stühlen nimmt weniger von der Anbaufläche weg als eine bequeme Sonnenliege. Vergessen Sie nicht, dass Sie auch genügend Platz brauchen, um bequem an Ihr Beet zu kommen. Nur so haben Sie auch lange Freude an der täglichen Gartenarbeit.

Als nächstes geht es darum, die Höhe ihres Hochbeets festzulegen. Am besten probieren Sie die für Sie geeignete Arbeitshöhe einmal an verschiedenen Stellen aus. Eine gute Möglichkeit wäre es zum Beispiel, wenn Sie die Zutaten für ein Essen in verschiedenen Höhen zubereiten. So könnten Sie die Zwiebeln am Küchentisch schneiden, die Gurken auf der Anrichte hobeln und die Kartoffeln gebückt über dem Wohnzimmertisch schälen. Sie werden schnell feststellen, in welcher Haltung Ihnen die Tätigkeiten am angenehmsten sind. Dann brauchen Sie nur noch die Höhe der gewählten Arbeitsfläche messen und schon wissen

Sie, wie hoch Ihr Hochbeet idealerweise sein sollte. Wenn Sie sich Ihr Hochbeet selber bauen, sind Sie von den vorgegebenen Maßen (wie sie bei einem gekauften Hochbeet der Fall wären) unabhängig. Eventuell ist es eine Überlegung wert, dass Sie statt einem großen Hochbeet zwei oder drei kleinere Hochbeetvarianten wählen. So lassen sich diverse Kräuter platzsparend in einem senkrechten Hochbeet unterbringen und Sie können Salat und Gemüse in einem festen Hochbeet mit kleineren Abmessungen anpflanzen.

In der Wohnung können Sie mit kleinen Holzkisten auf der Fensterbank zusätzliche Anbaufläche gewinnen und das eigentliche Selbstversorger-Beet den Platzverhältnissen Ihrer Wohnsituation anpassen.

Mit ein bisschen Planung und den richtigen Lichtverhältnissen können Sie so manche Ecke für Ihre Selbstversorgung nutzen.

2.3. SELBSTVERSORGUNG IN DER WOHNUNG

Mit der richtigen Auswahl an Kräutern und Gemüsen können Sie jedes Fenster in Ihrer Wohnung zur Selbstversorgung nutzen. Während manche Sorten wahre Sonnenanbeter sind und die Wärme lieben, gibt es auch leckeres Grünzeug, das mit weniger Licht und kühleren Temperaturen auskommt. Somit können Sie Ihre Fensterbänke und die ein oder andere freie Ecke in Ihrer Wohnung zu Ihrem Gemüsegarten umwandeln.

SO NUTZEN SIE FREIE FLÄCHEN EFFIZIENT FÜR DIE SELBSTVERSORGUNG IN IHRER WOHNUNG

Für die Aussaat und die Keimung Ihrer Gemüsepflanzen und Kräuter brauchen Sie ein warmes und helles Plätzchen. Dafür benötigen die kleinen Zöglinge noch keinen großen Topf und Sie können auch auf einer schmalen Fensterbank einiges heranziehen, bevor die Setzlinge in ihr eigentliches Beet gepflanzt werden.

Da eine Fensterbank in der Regel nicht genügend Platz für große Pflanz-gefäße bietet, ist diese den Pflanzen vorenthalten, die weniger Raum benötigen. Neben den allseits beliebten Kräutern gedeihen hier auch

- Radieschen,
- Lauch,
- Zwiebeln,
- Knoblauch, gerne auch Schnittknoblauch oder Schlangenknoblauch,
- Erbsen,
- Bohnen,
- Rucola,
- Hängeerdbeeren,
- kleinwüchsige Buschtomaten,
- Ingwer,
- Feldsalat,
- Pflücksalat,

um nur einige Leckereien für Ihren Selbstversorgergarten auf der Fens-terbank zu nennen.

Noch besser sind natürlich große, raumhohe Fenster, vor die Sie die ver-schiedensten Hochbeetvarianten aufstellen können.

Aber auch eine ungenutzte Ecke, die mit viel Licht und Sonne verwöhnt ist, kann mit einem über Eck gestalteten Hochbeet zu einer grünen Oase werden. Ist es in Bodennähe zu dunkel, können Sie die Konstruktion auf Füße stellen oder sogar an der Wand befestigen. Zur Sicherheit sollten Sie aber bei einer Mietwohnung erst den Vermieter um Erlaubnis bitten, bevor Sie sich ans Werk machen.

Etagen-Hochbeete bieten viel Platz auf kleinem Raum, sodass Sie auch in einem kleinen Zimmer noch das ein oder andere Gemüse selbst ziehen können. Manche Gemüsesorten sind speziell für den Garten in der Wohnung kleinwüchsig gezüchtet worden. Sie bieten den gleichen Genuss wie die großen Sorten, brauchen aber weniger Platz und Erde, um zu gedeihen.

Damit Sie sich in der Auswahl Ihrer Anbaupflanzen nicht zu sehr einschränken müssen, können Sie schnell wachsende Sorten wie Radieschen, Salat, Spinat, Baby Möhren oder Rote Beete unter Beachtung der Fruchtfolge auch hintereinander anbauen.

DAS SOLLTEN SIE BEI IHREM SELBSTVERSORGERGARTEN IN DER WOHNUNG ODER AUF DER FENSTERBANK BEACHTEN

Wenn Sie weder Balkon, Terrasse oder Kleingarten für Ihr Selbstversorger-Hochbeet zur Verfügung haben und sich Ihren Mini-Garten in der Wohnung anlegen möchten, gibt es neben den geeigneten Lichtverhältnissen und der richtigen Temperatur einiges zu beachten, damit es zu keinen Schäden in der Wohnung kommt.

PFLANZEN BRAUCHEN WASSER

In der Wohnung und auch auf der Fensterbank ist austretendes Wasser wenig förderlich. Ganz besonders, weil das Wasser durch die Erde schmutzig ist und nicht nur hässliche, sondern auch schwer zu beseitigende Flecken hinterlässt. Daher sollte das Pflanzgefäß abgedichtet oder besser noch mit einem Überlaufschutz versehen werden. Für die meisten Blumentöpfe oder Pflanzkästen gibt es in der Regel passende Untersetzer zu kaufen.

Bei einem selbst gebauten oder gestalteten Mini-Beet oder Hochbeet müssen Sie sich jedoch meist etwas einfallen lassen. So können Sie unter ein Hochbeet zum Beispiel das Unterteil eines Kleintierkäfigs stellen oder das Innere vor dem Befüllen mit einer geeigneten Folie auskleiden. Natürlich können Sie sich einen Untersetzer in beliebiger Größe auch selbst bauen. Dann passt er perfekt zu Ihrem ebenfalls selbst gebauten Selbstversorger-Hochbeet. Dafür müssen Sie bei der Materialbeschaffung nur ein paar passende Bretter, Teichfolie und eine dünne Spanplatte zusätzlich auf die Einkaufsliste setzen. Den Rest benötigen Sie für den Bau des Hochbeetes sowieso.

Je nach Größe und Füllhöhe kann so ein Beet auch ganz schön schwer werden. Bitte beachten Sie dies aus statischen Gründen unbedingt bei Ihrer Planung. Wobei dieses Problem bei einem Hochbeet für die Wohnung wahrscheinlich eher nicht zum Tragen kommen wird.

Wenn Sie sich bei Ihrem Selbstversorger-Beet für eine Variante entscheiden, die Sie an der Wand aufhängen möchten, spielt das Eigengewicht wieder eine große Rolle. Hier brauchen Sie unbedingt geeignetes Befestigungsmaterial. Und was noch viel wichtiger ist, Sie müssen die Wand vor Feuchtigkeit und Verschmutzung schützen. Eine Möglichkeit wäre, die Wand mit einer abwaschbaren und wasserundurchlässigen Farbe zu streichen. Bei einer Mietwohnung müsste dies aber unbedingt vorher mit dem Vermieter geklärt werden.

Sie können aber auch das Hochbeet mit einer Rückwand aus einer dünnen Holzplatte versehen, die Sie mit Bootslack versiegeln. Das sieht nicht nur schöner aus, sondern lässt sich später auch ohne Spuren zu hinterlassen zusammen mit dem Hochbeet wieder entfernen.

Eine weitere Möglichkeit besteht darin, dass Sie mit der Wandbefestigung gleich eine Art Abstandshalter konstruieren. So können Sie zwischen Hochbeet und Wand so viel Luft lassen, dass nichts passieren kann. Zusätzlich schaffen Sie eine Belüftung zwischen Hochbeet und Wand, womit Sie der Gefahr von Schimmelbildung durch die Feuchtigkeit im Beet vorbeugen können. Hierfür reicht es, wenn Sie zwei bis drei Zentimeter dicke Holzlatten an die Wand dübeln und dann das Hochbeet an den Latten befestigen. Ein weiter Vorteil bei dieser Methode ist, dass Sie die Belastung an den einzelnen Befestigungspunkten besser verteilen können.

REICHT DAS NATÜRLICHE LICHT AUS?

Manche Obst- und Gemüsepflanzen kommen mit nur wenigen Sonnenstunden am Tag aus, andere benötigen davon so viel wie möglich. Leider reicht das zur Verfügung stehende Licht in der Wohnung nicht immer aus, damit die Pflanzen wachsen, gedeihen und gute Erträge abwerfen. Dann müssen Sie nicht gleich die Flinte ins Korn werfen. Ähnlich wie in einem Ganzjahresgewächshaus der großen Gemüsebauer können auch Sie sich mit einem speziellen Pflanzenlicht und einer Zeitschaltuhr behelfen. Das ist zwar mit finanziellem Aufwand verbunden, für einen überzeugten Selbstversorger mit wenig Anbaufläche aber durchaus zu erwägen. Zu mindestens dann, wenn Sie sich bei der Auswahl Ihres selbst gezüchteten Gemüses nicht nur auf die Sorten beschränken möchten, die wenig Licht benötigen.

Ein weiterer Vorteil, den eine künstliche Lichtquelle mit sich bringen kann, ist die verlängerte Anbau- und Erntezeit. Durch die milderen Temperaturen in der Wohnung können Sie einiges an Gemüse auch über den Winter anbauen. Mit einem Pflanzenlicht schaffen Sie auch in den trüben Monaten optimale Lichtverhältnisse, damit das Saatgut aufgehen und wachsen kann.

GENIESSEN SIE DIE VORTEILE DER SELBSTVERSORGUNG MIT EINEM HOCHBEET IN IHRER WOHNUNG

Das Pflanzen die Luft und das Klima in einem Raum verbessern können, ist bekannt. Wenn Sie dann noch gegessen werden können, tun Sie gleich noch einmal mehr für Ihre Gesundheit. Ganz besonders dann, wenn Sie beim Anbau Ihres eigenen Obst und Gemüses auf chemische Keulen und künstliche Düngemittel verzichten.

Sicher können Sie in einer Wohnung nicht einen Ganzjahresbedarf an Obst und Gemüse anbauen. Aber mit ein paar erlesenen Kräutern und dem ein oder anderen Superfood auf der Fensterbank können Sie Ihre

Gericht und Smoothies bereits toppen. Denken Sie nur an die traurigen Kräuter im Topf, die es fast das ganze Jahr im Supermarkt zu kaufen gibt. Kaum stehen sie zu Hause auf der Fensterbank, ist es mit der Pracht auch schon vorbei. Ganz abgesehen davon, dass diese Massenware nach nichts schmeckt und mit Sicherheit auch nicht biologisch angebaut wurde. Wie viel besser mundet da die selbst angesäte Kresse oder der frische Schnittlauch. Und Sie wissen mit Sicherheit, dass in der Pflanze keine chemischen Zusätze versteckt sind. Also ein rundum Gesund-Paket.

Ob es Ihnen gelingen wird, Mangos oder Ananas im Wohnzimmer zu züchten, ist fraglich, aber aus Umweltgründen wollen Sie sich ja mit Ihrem Selbstversorger-Projekt von Haus aus regional und saisonal ernähren. Nur eben mit den Vorteilen, die eine Wohnung dafür zu bieten hat. Neben der guten Luft und der gesunden Ernährung hat die Selbstversorgung auch auf psychischer Ebene einiges zu bieten. Gartenarbeit bietet Entspannung und Meditation zugleich. Vor allem dann, wenn sich die Arbeit so in Grenzen hält wie bei Ihrem kleinen Wohnungsgarten. Auch Kinder haben sehr viel Freude daran, den Pflanzen beim Wachsen zuzusehen, ein wenig in der Erde zu harken und mit der Gießkanne zu hantieren. Wahrscheinlich müssen Sie die kleinen Hände des Öfteren vor allzu großem Eifer abhalten. Dafür wird aber sicher auch das eine oder andere Gemüse gegessen, das sonst verschmäht würde.

Auf den folgenden Seiten finden Sie Anleitungen für kleine Hochbeetideen, welche sich ideal für die Selbstversorgung auf kleinstem Raum eignen.

2.3.1. ECK-HOCHBEET MIT FÄCHERN

Diese Hochbeetvariante bietet viel Anbaufläche auf kleinstem Raum, da mit diesem Hochbeet geschickt eine ganze Ecke auf mehreren Ebenen genutzt werden kann. Ein weiterer Vorteil besteht darin, dass die Konstruktion dieses Hochbeetes freistehend aufgestellt werden kann. So eignet sich das Eck-Hochbeet mit Fächern optimal für die Wohnung, im Haus oder auf dem Balkon und der Terrasse, wenn Sie dort nur sehr wenig Platz zur Verfügung haben.

Neben Kräutern können Sie in einem Eck-Hochbeet mit Fächern auch Radieschen, Knoblauch, Lauchzwiebeln und sogar Pflücksalat anbauen. So haben Sie das ganze Jahr über immer ein paar Vitamine extra parat. Je nach vorhandenem Platzangebot kann das Eck-Hochbeet sowohl in der Breite als auch in der Höhe verkleinert oder vergrößert werden. Damit Sie sich für die Pflanzen in der untersten Etage nicht immer bücken müssen, könnten Sie das Eck-Hochbett auf stabile Füße stellen.

Für die nötige Erde können Sie in die einzelnen Fächer passende Pflanzkästen einsetzen oder die Fächer mit Teichfolie auskleiden. Wichtig ist nur, dass Sie dafür sorgen, dass kein Gießwasser austreten kann.

Tipp: Teichfolie ist oft recht sperrig. Wenn Sie diese nach dem Zuschneiden mit einem Föhn erwärmen, können Sie die Folie viel leichter in das zu bepflanzende Fach einpassen und befestigen.

Zwar bietet Ihnen ein Eck-Hochbeet mit Fächern keine umfassende Möglichkeit, damit Sie sich das ganze Jahr über selbst mit Gemüse versorgen können, aber wenn Sie nicht viel Platz zur Verfügung haben, ist es immerhin ein Anfang. Vielleicht haben Sie ja noch die ein oder andere Fensterbank, auf der noch Platz für die weiter unten vorgeschlagenen Weinkisten ist, damit Sie doch noch mehr Gemüse anbauen können.

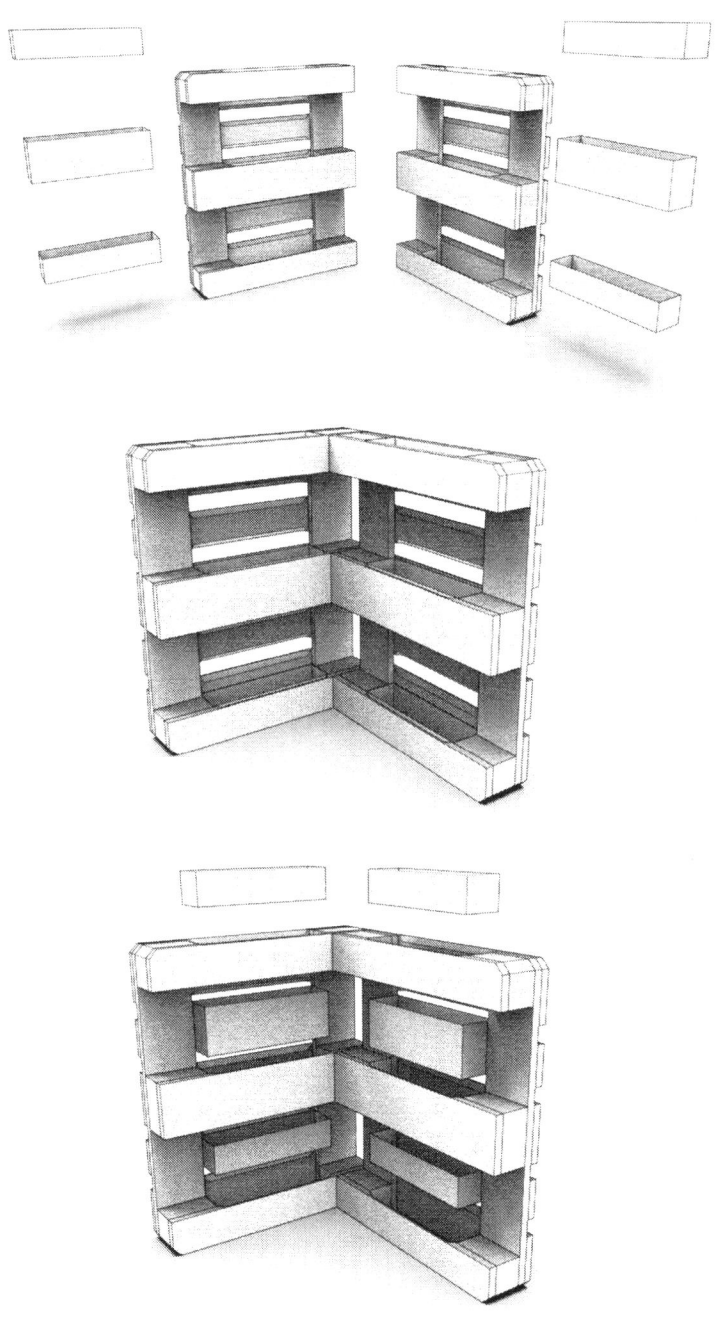

2.3.2. HÄNGEHOCHBEET FÜR DIE WAND

Wenn Sie keine ganze Ecke zur Verfügung haben, könnte das Hängehochbeet für die Wand eine Alternative für Ihre Platzverhältnisse sein.

Es bietet mit seinen Fächern ebenfalls viel Platz für verschiedene gesunde Pflanzen, damit Sie sich in der Wohnung, auf einem kleinen Balkon oder einer schmalen Terrasse ein Selbstversorger-Beet anlegen können. Neben der Möglichkeit, das Hängehochbeet an die Wand zu hängen, können Sie es auch auf den Boden an die Wand stellen. Da jedoch die Gefahr besteht, dass diese Konstruktion nach vorne wegkippen kann, sollten Sie das Hängehochbeet auf jeden Fall sicher an der Wand befestigen.

Damit zwischen Wand und Hängehochbeet genügend Luft zirkulieren kann, ist es ratsam, bei der Befestigung gleich auch eine Abstandshalterung anzubringen. Dies erreichen Sie am einfachsten, in dem Sie auf der Rückseite des Hochbeetes Holzlatten anbringen.

Wenn Sie Bedenken haben, dass durch die Bepflanzung der Fächer die Wand beschmutzt werden könnte, sollten Sie die Rückseite des Hängehochbeetes zusätzlich mit einer Rückwand versehen. Für die Rückwand können Sie eine einfache Spanplatte, die Sie mit Lack überziehen, eine passend zugeschnittene Plexiglasscheibe oder eine stabile Folie verwenden.

Wenn Sie die Standfläche des Hängehochbeetes für die Wand nach vorne und hinten verlängern, erreichen Sie so viel Standfestigkeit, dass Sie das Hochbeet sogar freistehend vor einem Fenster aufstellen können. Am einfachsten funktioniert dies, indem Sie das Hochbeet auf zwei dicken Brettern festschrauben. Diese sollten mindestens dreimal so lang sein, wie die Tiefe des Hochbeetes ist.

Für welche Aufstellung Sie sich auch entscheiden mögen, durch die Fächer gewinnen Sie etliches an Anbaufläche. Zwar werden Sie auch mit dieser Hochbeet-Lösung keinen Jahresbedarf an gesundem Obst und

Gemüse anbauen können, für eine gesunde Bereicherung Ihres Speise-plans wird es aber allemal reichen. Ist die Begeisterung für die Selbst-versorgung erst einmal gewachsen, werden Sie sicherlich noch weitere Möglichkeiten entdecken, die Ihnen Anbaufläche in Ihrer Wohnung, auf Ihrem Balkon oder der Terrasse in Form von einem Hochbeet bietet.

2.3.3. WEINKISTEN FÜR DIE FENSTERBANK

Fensterbänke bieten sowohl innen als auch außen den idealen Platz, um Kräuter, Salat oder Gemüse mit wenig Platzbedarf anbauen zu können. Mit entsprechend ausgerüsteten Weinkisten haben Sie so im Handumdrehen Ihr Selbstversorger-Hochbeet konstruiert. Sie können statt Weinkisten auch jede andere Holzkiste verwenden. Wichtig ist nur, dass die von Ihnen gewählte Kistenform sicher auf der Fensterbank stehen kann. Sie können die Weinkisten unbehandelt verwenden oder mit der Farbe Ihrer Wahl streichen. Damit die Pflanzerde und das Gießwasser sicher in der Weinkiste bleiben, muss diese mit einer stabilen Folie (auch hier ist Teichfolie am besten geeignet) ausgekleidet werden.

Weinkisten bieten aufgrund ihres Volumens nicht nur Platz für Kräuter und Salat, sondern eignen sich auch hervorragend zum Anbau von Erbsen, Bohnen, kleinen Kohlsorten, Möhren, Kohlrabi oder Tomaten. Daher sind sie die ideale Ergänzung zu den bereits vorgestellten Hochbeetvarianten mit Fächern.

Auf dem Balkon oder der Terrasse können Sie mit etwas handwerklichem Geschick aus Weinkisten auch ein pyramidenförmiges Hochbeet bauen. So gewinnen Sie auf kleinem Raum viel Anbaufläche. Durch geschickte Ausnutzung von schattigen und sonnigen Plätzen sowie von niedrig wachsenden und in die Höhe strebenden Pflanzen haben Sie schnell einen kleinen Selbstversorgergarten angelegt.

Natürlich können Sie eine Pyramide aus Weinkisten auch in Ihrer Wohnung oder im Haus aufstellen. Allerdings benötigen Sie dann deutlich mehr Platz als bei den vorhergehenden Hochbeet-Formen.

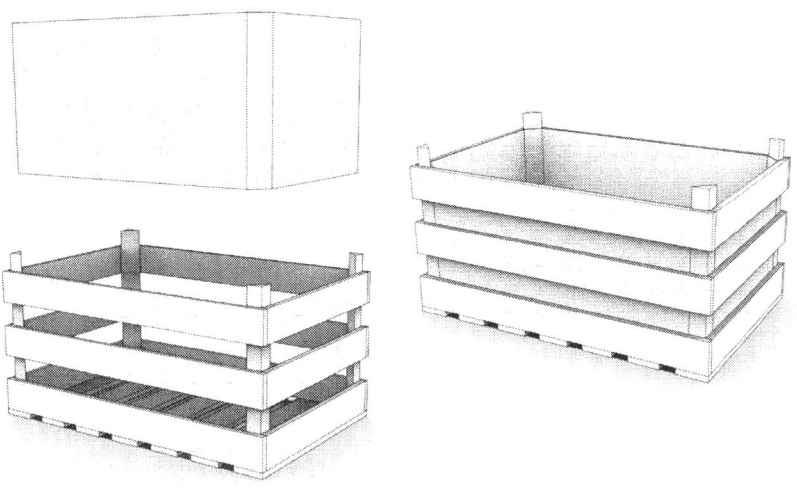

2.4. SELBSTVERSORGUNG AUF DEM BALKON, DER TERRASSE UND IM KLEINGARTEN

Wenn Sie in der glücklichen Lage sind, einen Balkon, eine Terrasse oder sogar einen kleinen Garten Ihr Eigen nennen zu können, bietet sich die Selbstversorgung in einem Hochbeet geradezu an. Vielleicht haben Sie ja sogar ein wenig mehr Platz für ein Hochbeet und können eine der vorgestellten Varianten in den folgenden Kapiteln für Ihren Selbstversorgergarten verwenden.

Während sich die im vorangegangenen Kapitel vorgestellten Hochbeet Ideen für beengte Platzverhältnisse eignen, bieten ein größerer Balkon, Terrasse oder Kleingarten schon eher die Möglichkeit, ein kompakteres Hochbeet aufzustellen. Dieses können Sie natürlich gerne mit den kleineren Hochbeetvarianten für die Wohnung oder das Haus ergänzen. So lassen sich zum Beispiel in Weinkisten hervorragend Gemüsepflanzen auf der Fensterbank vorziehen, bevor sie in das Hochbeet nach draußen umziehen dürfen.

Falls Sie Ihr Selbstversorger-Hochbeet ausschließlich im Freien nutzen möchten, haben Sie bei den hier vorgestellten rechteckigen Varianten die Möglichkeit, die Pflänzchen unter einem Frühbeet zu kultivieren.

DAS HOCHBEET FÜR IHREN ERTRAGREICHEN SELBSTVERSORGERGARTEN

Optimal wäre es natürlich, wenn Sie über einen kleinen Garten verfügen, in dem Sie Ihr Hochbeet aufstellen können. Hier müssen Sie zwar auch den zur Verfügung stehenden Platz berücksichtigen, brauchen sich aber über Statik und den Schutz des vorhandenen Bodenbelags keine Sorgen zu machen. Auch können Sie das Hochbeet im Garten mit mehr Schichten befüllen und somit die Qualität des Beetes steigern. Was aber nicht heißen soll, dass die Erträge in einem Hochbeet auf dem Balkon oder Terrasse schlechter sein müssen.

Auf jeden Fall können Sie die Erdschicht in einem rechteckigen Hochbett tiefer gestalten und haben somit die Möglichkeit, auch anspruchsvollere Gemüsepflanzen anzubauen. Damit die Pflanzen sich nicht gegenseitig überwuchern, sollten Sie dennoch sorgfältig planen. Eine Zucchini kann zwar einiges an Früchten bringen, benötigt aber sehr viel Platz, der Ihnen für eine breitere Auswahl an Gemüsen dann fehlen würde.

Eventuell haben Sie ja für ausladende Gemüsesorten noch Platz für einen zusätzlichen Pflanzkübel. Auch Kräuter wachsen und gedeihen zwar sehr gut in einem Hochbeet, können aber genauso gut in einem schmalen Hochbeet mit Fächern oder in Weinkisten auf der Fensterbank gezogen werden. So kann Ihnen das kompakte Hochbeet als Anbaufläche für anspruchsvollere Gemüsesorten dienen.

DAS HOCHBEET IM KLEINGARTEN

Anders als auf dem Balkon oder der Terrasse sollten Sie Ihr Hochbeet in Ihrem kleinen Garten von unten gegen Schädlinge wie Wühl- oder Feldmäuse schützen. Dazu benötigen Sie ein engmaschiges Gitter, dass Sie an der Unterseite des Hochbeetes gut befestigen müssen. Da Sie sich um das Gewicht des Hochbeetes keine Sorgen machen müssen, können Sie es reichlich mit Ästen, Laub, Schnittgut sowie Kompost füllen und eine ordentliche Schicht gute Gartenerde obendrauf packen. Durch den fortlaufenden Verrottungsprozess haben es Ihre Pflanzen von unten schön warm und werden es Ihnen sicher mit gutem Wachstum danken.

Auch austretendes Gießwasser oder Erde muss Ihnen bei einem Hochbeet im Garten kein Kopfzerbrechen machen. Dennoch sollten Sie die Innenseite des Hochbeetes, da Sie es ja aus Paletten selbst bauen wollen, vor Nässe und Fäulnis schützen. Da die Wassermengen im Freien durch den Regen nicht kalkulierbar sind, empfiehlt sich für das Hochbeet im Kleingarten statt der Teichfolie die Verwendung eines Unkrautvlieses. Dieses lässt überschüssiges Wasser austreten, hält aber die Erde im Hochbeet zurück.

DAS HOCHBEET AUF DEM BALKON ODER DER TERRASSE

Für Ihr Paletten-Hochbeet auf dem Balkon oder der Terrasse ist das Vlies jedoch eher ungeeignet, da das austretende Wasser durch die Erde zu Verschmutzungen und eventuell Beschädigungen auf dem Bodenbelag führen kann. Hier ist es wiederum besser auf die Teichfolie zurückzugreifen. Sollten Sie das Hochbeet nicht vor Regenwasser schützen können, müssen Sie dennoch dafür sorgen, dass das überschüssige Wasser im Beet ablaufen kann. Dann ist es ratsam, das Hochbeet in eine Wanne oder einen selbst gebauten Untersetzer zu stellen, der der Größe des Hochbeetes angepasst werden kann. Dafür benötigen Sie lediglich eine stabile Spanplatte, die etwas größer als die Grundfläche Ihres Hochbeetes ist. Nun brauchen Sie noch vier gehobelte Holzbretter, die an den Seiten der Spanplatte befestigt werden und das Innere mit Teichfolie auskleiden. Das Hochbeet wird idealerweise vor dem Befüllen oder bereits während des Aufbaus in den Untersetzer gestellt.

Da besonders auf einem Balkon das Gewicht eines Hochbeetes aus statischen

Gründen eine Rolle spielen kann, sind die in den folgenden Kapiteln vorgestellten Hochbeetvarianten mit einem Zwischenboden versehen. Zwar haben Sie dann nicht die Möglichkeit, die verschiedenen Schichten so reichlich wie bei einer kompletten Befüllung auszustatten, durch den Hohlraum unter dem Beet sind die Pflanzen aber dennoch vor Kälte von unten geschützt.

AUF DEN STANDORT KOMMT ES AN

Auch im Freien spielt das richtige Verhältnis von Sonne und Schatten eine wichtige Rolle für das Gedeihen Ihrer Pflanzen. Als optimalen Standort für Ihr Hochbeet gilt eine Nord-Süd-Ausrichtung. Bei dieser Positionierung haben Sie die größten Chancen auf eine ertragreiche Ernte. Mit der richtigen Bepflanzung können Sie aber auch bei einem weniger optimalen Standort mit guten Erträgen rechnen.

Sollte der Platz für Ihr Hochbeet sehr sonnig sein, können Sie Ihre Pflanzen relativ einfach durch eine Beschattung schützen. Das kann ein Sonnenschirm oder ein einfaches Sonnensegel sein oder ein mit Kapuzinerkresse bewachsenes Rankgitter.

Haben Sie nur ein schattiges Plätzchen für Ihr Hochbeet, bleibt Ihnen leider nichts anderes übrig, als bei der Bepflanzung Ihres Gemüsebeetes auf Sorten auszuweichen, die auch mit weniger Sonnenlicht auskommen. Ganz gut wachsen Gemüsesorten wie

- Mangold,
- Rote Beete,
- Weißkohl,
- Feldsalat,
- Spinat,
- Rhabarber (der zählt tatsächlich zum Gemüse),
- Zwiebeln,
- Möhren,

- Pastinaken,
- Rettich

in weniger sonnenverwöhnten Hochbeeten. Aber auch Kräuter wie zum Beispiel

- Petersilie,
- Bärlauch,
- Zitronenmelisse,
- Minze

sind für ein schattiges Plätzchen recht dankbar. Himbeeren, Brombeeren, Walderdbeeren oder Stachelbeeren sorgen für den nötigen Vitaminstoß und gedeihen ebenfalls sehr gut im Schatten.

DIE VORZÜGE EINES HOCHBEETES FÜR IHREN SELBSTVERSORGERGARTEN

Wenn Ihre Wohnsituation nur wenig Platz für ein Selbstversorger-Beet zulässt, dann sollte es so ertragreich wie möglich angebaut werden können. Mit einem Hochbeet können Sie die Nährstoffversorgung für Ihre Pflanzen optimieren und die Anbauzeit deutlich verlängern. Diese lässt sich durch die Verwendung eines Frühbeetes noch zusätzlich ausdehnen. Auf diese Weise haben Sie fast das ganze Jahr über frisches Gemüse und Kräuter aus kontrolliertem Eigenanbau zur Verfügung. Das schmeckt nicht nur und ist gesund, sondern Sie leisten damit auch einen nicht zu verachtenden Beitrag für den Erhalt und die Schonung der Umwelt. Kurz gesagt, mit einem Selbstversorger-Hochbeet auf Ihrem Balkon, Ihrer Terrasse oder Ihrem Kleingarten liegen Sie voll im Trend!

Da ein knapp bemessener Platz von Haus aus schon mit einigen Unannehmlichkeiten verbunden ist, sollte Ihr Selbstversorger-Beet möglichst komfortabel zu pflegen sein. Die ergonomisch angenehme Körperhaltung bei der Pflege eines Hochbeetes bietet gegenüber dem in Bodennähe angelegten Anbau einiges an Komfort. Und das wird Ihnen nicht nur Ihr Rücken danken! Auch Ordnung und schnelle Verfügbarkeit Ihres benötigten Werkzeugs wird Ihnen mit einem Hochbeet leicht gemacht. So können Sie das zur Gartenarbeit benötigte Handwerkszeug mit kleinen Haken griffbereit am Rahmen des Hochbeetes anbringen. Das erspart Ihnen das ständige Wegräumen oder Suchen Ihrer Gerätschaften.

Damit Sie alle Pflanzen in Ihrem Selbstversorger-Hochbeet gut erreichen können, sollte es im Idealfall so positioniert sein, dass Sie von allen Seiten an das Beet herankönnen. Bleibt für das Hochbeet nur eine Ecke, muss die Tiefe so berechnet werden, dass Sie auch die Pflanzen in der hinteren Reihe gut erreichen können. Dann sollte Ihnen die Gartenarbeit wirklich leicht von der Hand gehen und der Genuss Ihres selbst angebauten Gemüses ungetrübt sein.

Mit Regenwasser gegossen und mit Nährstoffen aus eigener Produktion versorgt, können Sie einen erheblichen Teil Ihres Bedarfs an gesundem Obst und Gemüse in Ihrem eigenen Hochbeet biologisch einwandfrei und ohne Schadstoffe sowie chemische Keulen decken. Vergessen Sie auch nicht die positive Wirkung, die die tägliche Gartenarbeit auf Ihr Gemüt haben wird. Sie werden schnell feststellen, wie Stress und Ärger von Ihnen abfallen, während Sie sich liebevoll um Ihre Gemüsepflanzen und Kräuter kümmern, zumal der Arbeitsaufwand beim Anbau in einem Hochbeet erfreulich überschaubar ist.

Damit Sie schon bald mit Ihrem Selbstversorger-Projekt auf dem Balkon, einer Terrasse oder in einem kleinen Garten beginnen können, finden Sie in den folgenden Kapiteln zwei praktische und leicht selbst zu bauende Hochbeet Ideen.

2.4.1 HOCHBEET AUF ROLLEN FÜR BALKON, TERRASSE ODER INDOOR

Ein Hochbeet an sich ist nicht nur praktisch, platzsparend und leicht zu pflegen, sondern erzielt auch gute Erträge. So kann man auf kleinstem Raum jede Menge gesundes Gemüse, Salate, Kräuter und das ein oder andere Obst anbauen. Noch komfortabler ist ein Hochbeet auf Rollen für Ihren Balkon oder Ihre Terrasse. Selbst für einen kleinen Garten, der von der Sonneneinstrahlung her nicht optimal ist, kann ein rollendes Hochbeet ideal sein. So können Sie je nach Jahres- oder Tageszeit das Beet so perfekt wie möglich platzieren oder es sogar ins Haus oder die Wohnung holen, ohne es erst leeren zu müssen. Vorausgesetzt, das Hochbeet wird nicht zu voll befüllt und hat nicht zu viel Gewicht. So können Sie die Zeit für Anzucht, Anbau und Ernte während des Jahres auch ohne Frühbeet verlängern, wenn Sie in Ihrer Wohnung oder Ihrem Haus ein Plätzchen für das Hochbeet auf Rollen an einem hellen Fenster schaffen.

Damit Sie das Hochbeet ohne großen Kraftaufwand von A nach B verschieben können, sollten Sie auf gute Rollen achten, die Sie auch feststellen können. Die Füllhöhe wird durch einen Zwischenboden reduziert, was das Hochbeet insgesamt leichter macht. Mit etwas handwerklichem Geschick können Sie den Hohlraum sogar so gestalten, dass er Stauraum für Gartenkleingeräte, Gießkanne, Samen und Co. bietet. Dann haben Sie einen kompletten kleinen Garten auf Rädern.

Um den Aufbau des Hochbeetes auf Rollen leichter zu gestalten, nehmen Sie statt Paletten für die Seitenwände sogenannte Aufsatzrahmen. Nur der Boden, an dem die Rollen befestigt werden, ist eine Palette. Der Zwischenboden ist eine stabile Spanplatte. Damit sich diese in der Mitte nicht durchbiegt, sollte sie mit einem dickeren Vierkantholz (ca. 8 x 8 cm) und einem Brett in der Mitte unterstützt werden. Das Brett wird auf der Oberseite des senkrechten Kantholzes befestigt und beides dann zwischen Spanplatte und Palette mittig positioniert und befestigt. Zum

Schutz der Innenseite des Hochbeetes auf Rollen nehmen Sie am besten wieder Teichfolie, vor allem wenn Sie das Hochbeet auch im Haus oder der Wohnung nutzen wollen.

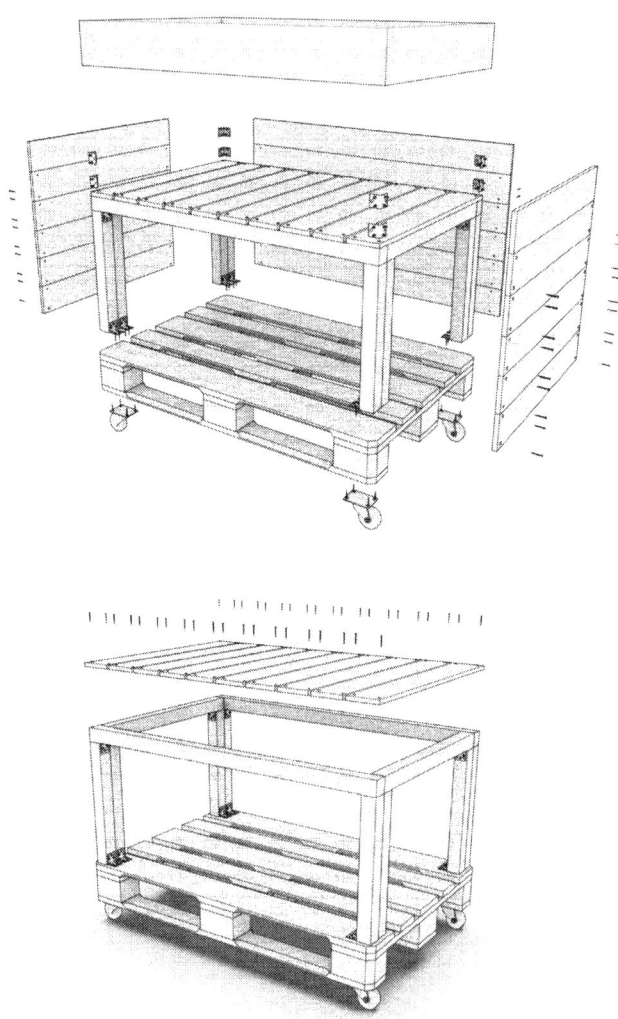

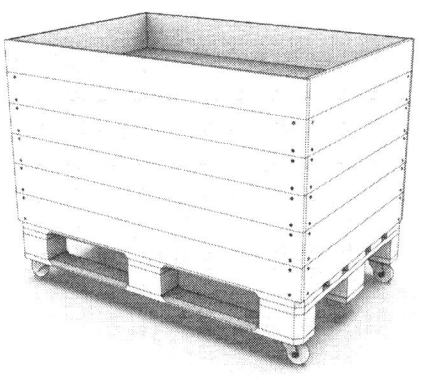

2.4.2. PALETTEN HOCHBEET FÜR DEN KLEINGARTEN ODER DEN GEMEINSCHAFTSGARTEN

Sie sind glücklicher Besitzer oder Mieter eines kleinen Gartens oder einer Parzelle in einem Gemeinschaftsgarten? Dann dürfte diese Hochbeetvariante aus Paletten zum selber bauen genau das richtige für Sie sein.

Das feste Hochbeet bietet in der Mitte reichlich Platz für allerhand Gemüse und Salat. In den kleineren Fächern rings um das Beet herum können Sie Kräuter, Knoblauch, Radieschen und Hängeerdbeeren sowie kleinwüchsige Buschtomaten anbauen. Auch ein paar hübsch anzusehende essbare Blüten machen sich in den kleine Blumenkästen an der Außenseite dieses festen Hochbeetes sehr dekorativ.

Aufgrund seiner doch recht ausladenden Maße dürfte dieses Hochbeet für den Balkon oder die Terrasse eher nicht geeignet sein. Besonders auf dem Balkon wird es schon allein wegen dem Eigen- und Füllgewicht des festen Hochbeetes etwas problematisch werden. Für die Terrasse kommen aus optischen Gründen wahrscheinlich die etwas „leichteren" Hochbeetvarianten, die Sie in den vorangegangenen Kapiteln schon kennengelernt haben, infrage.

Was die Befüllung des festen Hochbeetes angeht, können Sie sich richtig austoben und die Höhe mit Ästen, Zweigen, Laub, Grünschnitt, Kompost und guter Erde vollpacken. Vergessen Sie aber bitte vor dem Befüllen nicht das engmaschige Gitter am Boden anzubringen, da sonst die unterirdischen Schädlinge trotz des erhöhten Anbaus leichtes Spiel haben, Ihre Ernte zu vernichten.

Durch die Konstruktion dieses festen Hochbeetes haben Sie zu dem rechteckigen Beet in der Mitte ringsherum die Möglichkeit, kleine Fächer-Beete (ähnlich dem Eck- oder Wand-Hochbeet mit Fächern) anzulegen. Dadurch gewinnen Sie enorm viel an Anbaufläche für allerlei Grünzeug, das mit weniger Erde auskommt. Das ist besonders bei einem Anbau in Mischkultur sehr von Vorteil, da Sie durch bestimmte Kräuter und Gemüsepflanzen bereits eine natürliche Schädlingsbekämpfung erreichen werden.

Für die Fächer können Sie wieder passende Blumenkästen verwenden. Oder Sie bringen an der Unterseite ein Brett an und kleiden die Fächer ebenso wie das Beet in der Mitte vor dem Befüllen mit Unkrautvlies aus. Teichfolie ist hier nicht zu empfehlen, da das Beet ja im Freien steht und somit überschüssiges Regenwasser ablaufen können muss.

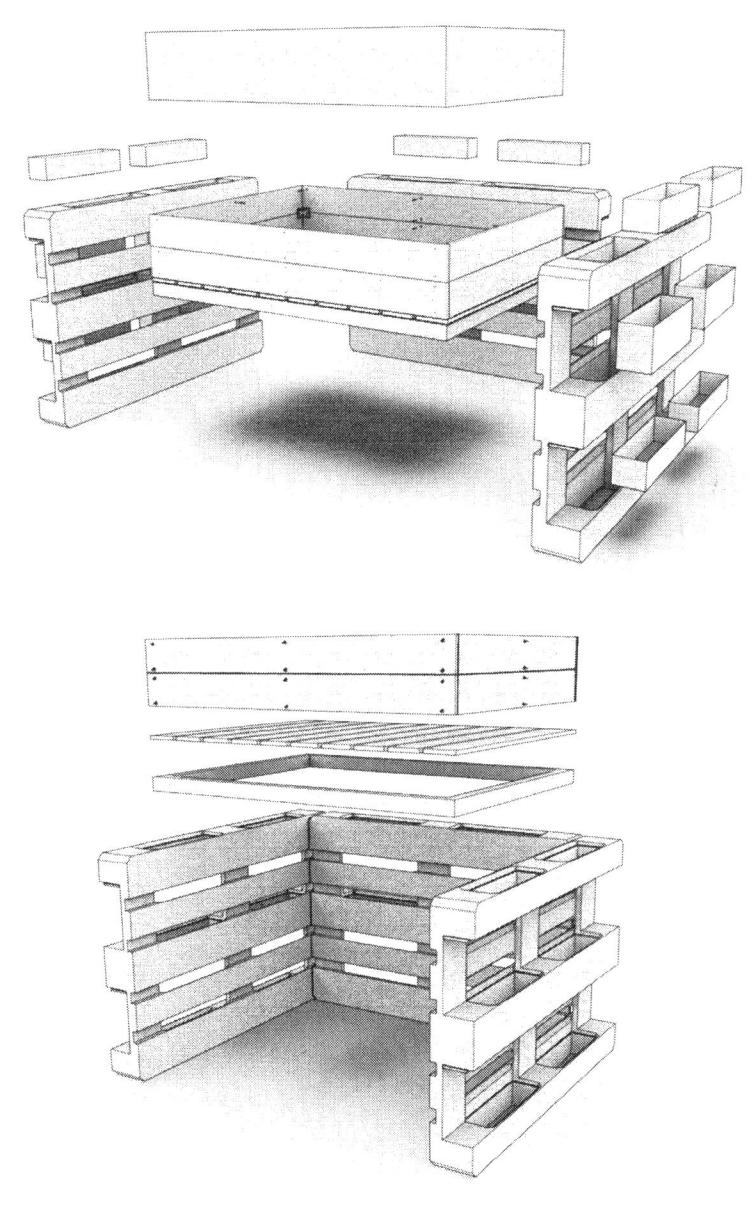

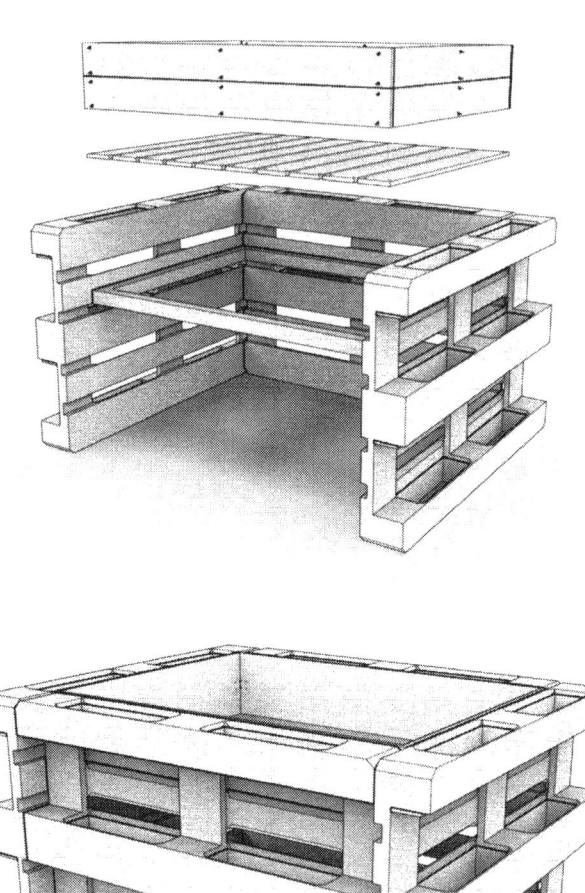

3. MATERIALBESCHAFFUNG

Nachdem Sie nun einen Überblick über die wichtigsten Details zum Selbstbau Ihres Hochbeetes haben, können Sie mit der eigentlichen Planung beginnen. Damit Sie das Hochbeet Ihrer Wahl bauen können, brauchen Sie natürlich das richtige Material und geeignetes Werkzeug. Ist die Konstruktion fertiggestellt geht es ans Befüllen. Angefangen bei der Drainage, die aus Ästen und Zweigen bestehen sollte, über Blätter und Grünschnitt für den Verrottungsprozess bis hin zu Kompost und schlussendlich der richtigen Erde.

Nicht zu vergessen die Gemüsepflanzen, Kräuter, Blumen und was Sie sonst noch gerne in Ihrem eigenen kleinen Selbstversorgergarten anbauen möchten.

3.1. WERKZEUG ZUM PLANEN UND BAUEN

WERKZEUG ZUM PLANEN
Ja, Sie lesen ganz richtig, auch für die Planung Ihres Hochbeetes benötigen Sie schon einige Utensilien eines Handwerkers.

ZOLLSTOCK (METERMAß)
Der Zollstock dürfte eines der wichtigsten Werkzeuge sein, welches Sie beim Planen, Bauen und eventuell sogar beim Bepflanzen Ihres Hochbeetes begleitet. Schließlich müssen Sie bei der Planung und dem Bau Ihres Selbstversorger-Beetes:

- den zur Verfügung stehenden Platz für Ihr Hochbeet ausmessen,
- die Größe des Hochbeetes festlegen,
- Bretter, Palettenholz, Kantholz und Folie ausmessen.

BLEISTIFT, LINEAL UND PAPIER

Damit Sie bei der Materialbeschaffung nichts vergessen, sollten Sie sich eine kleine Skizze Ihres Hochbeetes machen. So wissen Sie beim Einkaufen genau, was Sie brauchen. Eine weitere Hilfe ist ein Notizzettel, auf dem Sie alles aufschreiben, was Ihnen bei der Planung so einfällt, inklusive dem benötigten Werkzeug.

WERKZEUG ZUM BAUEN

Neben dem Zollstock braucht es eine ganze Menge an Handwerkszeug, um ein Hochbeet bauen zu können. Allerdings wird sich ein Großteil davon bereits in einem Handwerker-Haushalt finden lassen können. Für alle anderen Haushalte ist die Anschaffung für viele Arbeiten in der Wohnung, im Garten oder im Haus sicher lohnend.

AKKUBOHRER/AKKUSCHRAUBER

Ohne Schrauben und Bohren geht beim selber Bauen eigentlich so gut wie gar nichts, denn schließlich sollen die einzelnen Komponenten auch gut zusammenhalten. Ein Akkuschrauber eignet sich meist auch ganz gut, um notwendige Bohrungen im Holz durchzuführen, es braucht also keine zwei verschiedene Geräte.

Allerdings sollten Sie bei der Anschaffung auf einen qualitativ hochwertigen Akkuschrauber Wert legen und auch bei der Leistung nicht im unteren Segment bleiben. Das gilt auch für den Akku. Am besten wählen Sie ein Gerät, das entweder einen zweiten Akku im Lieferumfang hat oder Sie einen **Ersatz-Akku** dazu kaufen können. So kann Ihnen der „Saft" nicht mitten im schönsten Werken ausgehen.
Zusätzlich benötigen Sie:

- passende Bits (auswechselbare Schraubendreherklinge) zur Befestigung der Schrauben,
- Holzbohrer in verschiedenen Stärken (4–6 ist ausreichend),
- Bitverlängerung für schlechter zugängliche Stellen.

STICHSÄGE

Sie können natürlich auch eine mechanische Handsäge benutzen, aber mit einer Stichsäge werden Sie sich sicher leichter tun. Wichtig ist, dass Sie das richtige Sägeblatt für die Arbeiten mit Holz haben. In diesem Fall also ein Holz-Sägeblatt. Damit Sie von einem Stromanschluss unabhängig sind und frei arbeiten können, ist auch in diesem Fall der Akkubetrieb dem Netzbetrieb vorzuziehen.

SCHLEIFPAPIER, SCHLEIFBLOCK

Durch das Sägen der Bretter können die Kanten etwas ausfransen. Damit das Holz wieder schön glatt ist, können Sie es mit Schmirgelpapier bearbeiten. Am besten Sie legen sich einen kleinen Vorrat in verschiedenen Körnungen zu. Es gibt auch praktische Schleifblöcke, an denen man das Schleifpapier befestigen kann. Damit werden Sie sich beim Abschleifen erheblich leichter tun.

HAMMER

Ein Hammer sollte in jedem Haushalt vorhanden sein. Auch für den Bau Ihres Hochbeetes wird er Ihnen gute Dienste leisten. So können Sie überall da, wo Sie mit Akkuschrauber und Schraube nicht hinkommen, Hammer und Nagel verwenden. Auch die Folie oder das Vlies können Sie mit dem Hammer und speziellen Nägeln (Dachpappstifte) leichter befestigen als mit Schrauben.

Wenn mal etwas beim Zusammenbauen klemmt, kann ein kleiner Schlag mit dem Hammer die gewünschte Wirkung haben und schon passt wieder alles zusammen.

SCHRAUBEN UND NÄGEL

Damit aus den Paletten, Brettern und Platten ein Hochbeet wird, müssen die einzelnen Komponenten natürlich miteinander verbunden werden. Dafür brauchen Sie Schrauben und Nägel in der passenden Stärke und Länge. Die größeren Holzteile werden Sie sicherlich mit Schrauben verbinden, die kleinen Holzbretter für die Fächer beim Wand-Hochbeet oder Eck-Hochbeet können auch mit Nägeln befestigt werden.

Auch die Folie oder das Unkrautvlies, die Sie zum Auskleiden Ihres Hochbeetes benötigen, können mit Hammer und Nagel angebracht werden. Hierfür benutzen Sie am besten sogenannte Dachpappstifte. Dabei handelt es sich um kurze Nägel mit einem breiten, flachen Kopf, der eine gute Auflagefläche auf der Folie oder dem Vlies bietet.

TACKER

Tacker sind recht praktisch, um das Unkrautvlies oder die Teichfolie im Inneren des Hochbeetes zu befestigen, mit denen Sie Vlies oder Folie mit den passenden Tackerklammern am Holz befestigen können. Sie können sich für einen mechanischen Tacker oder auch für ein strom- oder akkubetriebenes Modell entscheiden.

3.2. WERKZEUG ZUM BEFÜLLEN, BEPFLANZEN, PFLEGEN UND ERNTEN DES HOCHBEETES

Damit Ihnen die Gartenarbeit und die tägliche Pflege Ihres Selbstversorger-Hochbeetes leicht von der Hand geht, brauchen Sie dafür geeignete Gerätschaften. Setzen Sie auch hier auf vernünftige Qualität, damit Sie die Werkzeuge nicht immer wieder ersetzen müssen.

SCHAUFEL

Für das Befüllen des Beetes kann Ihnen eine **Schaufel mit kurzem Stiel** gute Dienste leisten. Dann müssen Sie den eventuell etwas schwereren Sack mit Kompost oder Erde nicht hochheben, sondern können das Substrat bequem Schaufel für Schaufel umfüllen.

Zum Einpflanzen und Pflanzloch ausheben reicht Ihnen eine **kleine Pflanzschaufel.** Da Sie diese Arbeiten im Laufe der Zeit öfter vornehmen müssen, sollten Sie keinesfalls auf eine Pflanzschaufel verzichten.

GARTENSCHERE

Damit die Zweige und Äste (besonders bei den kleineren Hochbeetvarianten) nicht zu sperrig sind, sollten Sie mit der Gartenschere etwas verkleinert werden. Aber auch zum Ernten oder zum Entfernen von verwelkten Blättern und Zweigen ist die Gartenschere unverzichtbar.

DREIZACK

Die kleine Harke mit drei Zacken benötigen Sie zum Auflockern der obersten Erdschicht und zum Unterhaken der gelegentlichen Kompostgabe.

HANDRECHEN

Die kleine Ausgabe des Laubrechens verwenden Sie, um heruntergefallene Blätter und Blüten aus dem Beet zu entfernen und um die Gartenerde an der Oberfläche ebenmäßig verteilen zu können.

PIKIERSTAB

Damit Sie Ihre selbst gezogenen Gemüsepflänzchen trennen (pikieren) können, ohne die zarten Wurzeln zu verletzen, ist ein Pikierstab unerlässlich. Sie können mit ihm auch die kleinen Löcher in das Erdreich machen, in die Sie dann die Jungpflanzen einsetzen, wenn es Zeit für den Einzug ins Hochbeet ist.

GIEßKANNE/GARTENSCHLAUCH

Sie ahnen schon, für was diese beiden Hilfsmittel verwendet werden? Ganz richtig, für die unbedingt notwendige Versorgung Ihrer Pflanzen mit Wasser. Für die kleinen Hochbeete, vor allem wenn sie in der Wohnung stehen, werden Sie zwar sicher keinen Wasserschlauch verwenden, eine Gießkanne sollte es aber schon sein. Für die größeren Hochbeete ist ein Gartenschlauch zur Bewässerung zwar recht praktisch, aber nicht unbedingt gut. Leitungswasser ist bei der Bewässerung keinesfalls dem Regenwasser vorzuziehen und sollte daher nur dann verwendet werden, wenn kein oder nicht ausreichend Regenwasser zur Verfügung steht.

ALLZWECKSCHERE

Für alle zarten Pflanzenteile, die mit der Gartenschere nur schlecht abzuschneiden gehen, ist eine Allzweckschere gut geeignet. Sie ist auch hervorragend zum Ernten von Kräutern oder zum Entfernen von verwelkten Blüten benutzt werden. Außerdem dient sie zum Zuschneiden von Schnüren, falls Sie hochwachsende oder rankende Pflanzen befestigen möchten.

3.3. MATERIAL ZUM BAU FÜR IHR HOCHBEET

Nachdem Sie nun die Liste für das benötigte Werkzeug erstellt haben, geht es an das eigentliche Baumaterial für Ihr Selbstversorger-Hochbeet. Je nachdem, für welche Variante Sie sich entscheiden, werden Sie nicht alles, was Sie hier aufgelistet sehen, brauchen. Der Vollständigkeit halber soll aber alles erwähnt sein, damit Sie einen umfassenden Ratgeber vorfinden. So können Sie Ihrer Kreativität freien Lauf lassen und finden die nötigen Informationen und Anregungen.

PALETTEN

Für vier der vorgeschlagenen Hochbeete benötigen Sie eine oder mehrere Paletten. In den vorgestellten Beispielen kommen Europaletten zum Einsatz. Sie sind in der Regel besser verarbeitet als Einwegpaletten und können auch gehobelt erworben werden. Damit Sie sich an den Paletten keine unnötigen Verletzungen zuziehen, sollten Sie unbedingt darauf achten, dass Sie nur gehobeltes Material verwenden. Dennoch haben Sie die Wahl, ob Sie neue oder gebrauchte Europaletten kaufen möchten.

AUFSATZRAHMEN

Gerade für den Balkon oder die Variante auf Rollen sollte das Hochbeet nicht zu schwer werden. Daher kann es sinnvoll sein, wenn der Korpus statt aus Paletten aus Aufsatzkästen oder Brettern besteht. Der Vorteil von Aufsatzrahmen ist, dass Sie in den Maßen von Europaletten erhältlich und bereits vorgefertigt sind. Bretter für den Korpus müssten Sie zurechtschneiden und zusammenbauen. Das ist zwar mit Sicherheit kostengünstiger, aber dafür sehr viel zeitaufwendiger.

SPANPLATTEN

Um das Eigengewicht und das Füllvolumen eines Hochbeetes zu verringern, kann man einen Zwischenboden einsetzen. Hierfür eignen sich Spanplatten sehr gut. Auch als Boden für die Fächer zur Bepflanzung oder als Rückwand für das Eck- bzw. Wand-Hochbeet können zugeschnittene Spanplatten statt Bretter verwendet werden.

TEICHFOLIE

Damit überschüssiges Gießwasser in der Wohnung, im Haus oder auch auf dem Balkon oder der Terrasse nicht austreten und den Bodenbelag beschädigen kann, sollte das Hochbeet mit Teichfolie ausgekleidet werden. Allerdings sollten Sie unbedingt darauf achten, dass Sie Ihre Pflanzen nicht zu gut wässern.

UNKRAUTVLIES

Ein besserer Schutz für das Palettenholz und die verwendeten Bretter ist ein Unkrautvlies. Es schützt das Holz ebenso wie die Teichfolie und hält die Erde im Beet. Gleichzeitig kann aber überschüssige Flüssigkeit ablaufen. Für ein Hochbeet in einem kleinen Garten sollten Sie also unbedingt dem Unkrautvlies den Vorzug geben.

ROLLEN

Wenn Sie Ihr Hochbeet gerne mobil haben möchten, benötigen Sie Rollen. Hier ist es ratsam, auf gute Qualität hinsichtlich Belastbarkeit und Gleitfähigkeit zu achten. Denn an einem befüllten Hochbeet eine Rolle wechseln zu müssen, ist mehr als ärgerlich. Auch sollten die Rollen eine Feststellbremse haben, damit Ihr Hochbeet sicher steht.

WEINKISTEN

Wenn Sie sich für die Mini-Hochbeetvariante für die Fensterbank entschieden haben, sind Sie mit Weinkisten am besten bedient. Sie halten eine Menge aus und sind ausgesprochen dekorativ. Alternativ könnten Sie auch auf Obstkisten oder Plastikkisten zurückgreifen. Obstkisten sind aber längst nicht so stabil wie Weinkisten und Plastikkisten nicht gerade ein Augenschmaus.

3.4. MATERIAL ZUM BEFÜLLEN UND BEPFLANZEN IHRES HOCHBEETES

Das Geheimnis für eine gute Ernte in einem Hochbeet liegen unter anderem an den verschiedenen Schichten, mit denen Sie das Hochbeet befüllen. Sie haben unterschiedliche Funktionen und Eigenschaften, die für die optimale Versorgung Ihrer Pflanzen in Ihrem Selbstversorger-Hochbeet wichtig sind. Lediglich in den Fächer-Beeten wie dem Eck-Hochbeet und dem Wand-Hochbeet werden Sie aufgrund der geringen Füllhöhe ausschließlich auf gute Gartenerde für Kräuter und Gemüse setzen müssen.

MATERIAL ZUM BEFÜLLEN

Im Idealfall füllen Sie Ihr Hochbeet mit bis zu sechs Schichten, die Sie hier im Einzelnen vorgestellt sehen:

1. SCHICHT:

Sie dient der Drainage und besteht aus dünnen Zweigen und Ästen. Wenn Sie ein Hochbeet in Ihrem kleinen Garten aufstellen, sollten Sie auf einen Zwischenboden verzichten und 25 bis 30 cm für diese Schicht einplanen. Bei Hochbeeten mit Zwischenboden sollten es aber dennoch gute 5 bis 10 cm sein.

2. SCHICHT:

Als nächstes wird Häckselgut und Laub aufgeschichtet. Auch hier sind es im Idealfall 15 bis 20 cm. Bei geringer Füllhöhe genügt eine dünne Schicht von 2 bis 3 cm.

3. SCHICHT:

Diese sollte aus Grünschnitt von Rasenflächen bestehen, da durch die Verrottung Wärme entsteht, die dem Wachstum Ihrer Gemüsepflanzen guttut. Im großen Hochbeet sind 10 bis 15 cm ausreichend. Bei einem flacheren Beet genügen 5 cm.

4. SCHICHT:

Sie besteht aus grobem Kompost, der ebenfalls für die Wärmebildung im Boden, aber auch für die Nährstoffversorgung zuständig ist. Bei einem Hochbeet mit reduzierter Füllhöhe kann diese Schicht entfallen, ansonsten werden 20 cm empfohlen.

5. SCHICHT:

Nun kommt der reife, feine Kompost. Im flacheren Beet wird der Kompost gleich mit der letzten Schicht, der Gartenerde, vermengt. Ansonsten können es bei dieser Schicht ruhig 10 cm werden.

6. SCHICHT:

Den Abschluss macht bei allen Hochbeetvarianten die Pflanzerde. Sie sollte ca. 20 cm hoch aufgefüllt werden. Bei niedriger Füllhöhe wird eine Schicht von einigen Zentimetern über die Gartenerde-Kompost-Mischung gegeben.

Hinweis: Die niedrig zu befüllenden Fächer Beete stellen eine Ausnahme dar. Hier können Sie als Drainage 1 bis 2 cm Tonkügelchen einfüllen. Anschließend kommt eine dünne Schicht aus Gartenerde vermischt mit reifem Kompost. Die obere Schicht sollte dann wie bei der empfohlenen Hochbeet-Befüllung gute Pflanzerde sein.

KRÄUTER, SAMEN UND PFLANZEN FÜR IHR HOCHBEET

Grundsätzlich ist der Wunsch, sich das eigene Gemüse selbst zu ziehen, für den echten Selbstversorger nur allzu verständlich. Wenn das Jahr aber schon etwas weiter fortgeschritten ist, sind Jungpflanzen für den ersten Anbau durchaus überlegenswert. Zumal die eigene Anzucht mit Samen gerade am Anfang das Risiko birgt, dass die Aufzucht noch nicht so richtig gelingt. Dann ist die Enttäuschung groß und das Beet steht länger als nötig leer.

Für den Anfang könnten Sie mit Ihren Lieblingskräutern, Pflücksalat und Radieschen beginnen. So haben Sie schnell erste Erfolge und die Begeisterung für Ihren Selbstversorgergarten wird rasch wachsen.

In der Zwischenzeit können Sie sich in aller Ruhe mit den verschiedenen Fruchtfolgen, der geeigneten Zusammenstellung der Gemüse- und Kräutersorten sowie der Anbauweise beschäftigen. Manche Pflanzen für das Selbstversorger-Beet wie Feldsalat, Karotten, Zuckerhut, Pak Choi oder sogar Blumenkohl können auch noch im Spätsommer oder Herbst gepflanzt und über die Wintermonate geerntet werden.

In Teil 4 und 5 erfahren Sie jede Menge über Anbaukulturen und Gemüsepflanzen, damit Sie Ihren persönlichen Gartenplan für Ihr Hochbeet erstellen können.

3.5. WO SIE MATERIAL, WERKZEUG, PFLANZEN, ERDE UND SUBSTRAT BEKOMMEN KÖNNEN

Nachdem Ihre Liste nun vollständig ist, geht es an den Einkauf der vielen Komponenten. Eine der ersten Anlaufstellen wird sicher ein Baumarkt oder Gartencenter für Sie sein, aber auch das Internet oder Kleinanzeigen können bei der Materialbeschaffung sehr hilfreich sein. Samen und

Pflanzen beziehen Sie aus ökologischer Sicht vielleicht sogar besser aus einer Gärtnerei auf dem Wochenmarkt oder dem Bauernmarkt.

BAUMARKT / GARTENCENTER

Ein Vorteil, der für den Besuch in einem Baumarkt oder Gartencenter spricht, ist ganz klar die Tatsache, dass Sie hier fast alles bekommen werden und sich bei Fragen beraten lassen können (wenn ein kompetenter Verkäufer greifbar ist). Allerdings wird das Angebot an Gemüsepflanzen in einem Baumarkt eher beschränkt sein und in einem Gartencenter werden Sie sicher das ein oder andere Werkzeug vergeblich suchen. Also werden Sie wohl mindestens zwei Geschäfte aufsuchen müssen.

Da Sie je nach Hochbeetvariante verschiedenes Baumaterial brauchen, können Sie sich den ein oder anderen Weg (den Sie sonst vielleicht umsonst machen) sparen, wenn Sie sich vorab erkundigen, ob Sie Paletten oder Aufsatzkästen in dem Markt überhaupt bekommen. Alle anderen Materialien und Werkzeuge sind eher Standard und dürften problemlos zu beschaffen sein.

Etwas anders sieht es mit Samen, Pflanzen, Erde und Substrat aus. Wenn Sie hier wirklich gute und vor allem biologisch einwandfrei Qualität suchen, sind Sie in einem Gartencenter oder noch besser einer Gärtnerei besser beraten.

Zum Baumarkt können Sie für folgende Materialien guten Gewissens gehen:

- Werkzeug,
- Baumaterial,
- Gartengeräte.

Das Gartencenter oder die Gärtnerei ist für diese Utensilien die bessere Anlaufstelle:

- Samen,

- Pflanzen,

- Kompost,

- Erde,

- Substrat.

WOCHENMARKT / BAUERNMARKT

Wenn Sie Samen und Jungpflanzen noch frischer und eventuell sogar aus eigenem, biologischen Anbau für Ihr Hochbeet haben möchten, ist der Besuch auf einem Wochen- oder Bauernmarkt vielleicht sogar noch interessanter für Sie.

Zwar werden Sie mit dem einen oder anderen Euro mehr für die Pflanzen rechnen müssen, dafür wissen Sie aber, woher sie kommen und unterstützen die regionale Landwirtschaft. Außerdem wissen Sie dann gleich, wo Sie all das bekommen können, was Sie in Ihrem Hochbeet nicht anbauen können.

INTERNET

Nun kann es natürlich sein, dass Sie weder die Möglichkeit haben, noch den Wunsch verspüren, sich all diese Dinge in den verschiedenen Märkten mühsam zusammenzutragen. Dann kann das Internet Ihnen sehr gut dabei helfen, gute Bezugsquellen ausfindig zu machen. Eventuell finden Sie auch gebrauchte Paletten und Aufsatzrahmen oder Werkzeug aus einer Haushaltsauflösung. Ein weiterer Vorteil ist der direkte Preisvergleich, den Sie im Netz ganz bequem von zu Hause aus machen können. Zwar dürfte für manchen Posten einiges an Transportkosten anfallen, dafür sparen Sie sich aber die Zeit und die Fahrtkosten für die Fahrten und den Eigentransport. Häufig lassen sich alte Samen- und Gemüsesorten auch leichter im Internet finden als auf dem Wochen- oder Bauernmarkt. In Baumärkten und Gartencentern werden Sie danach vermutlich vergeblich suchen.

ALTERNATIVE BEZUGSQUELLEN

Einige Komponenten, die Sie zur Befüllung Ihres Selbstversorger-Hochbeetes benötigen, werden Sie weder im Internet (außer auf den Flohmarkt-Seiten) noch in einem Baumarkt oder auf dem Wochenmarkt finden:

- Äste und Zweige,
- Blätter,
- Grünschnitt,
- Kompost.

Hier müssen Sie sich wirklich über alternative Bezugsquellen Gedanken machen. Wenn Sie einen eigenen kleinen Garten haben, dürfte das meiste davon kein Problem darstellen. Für Balkon- oder Terrassen-Besitzer ohne Garten oder für all diejenigen, die Ihr Hochbeet in der Wohnung aufstellen müssen, bleibt nur der Gang in die Natur. Das kann ein Park mit Wald sein, ein Wertstoffhof mit Kompostanlage oder eine Schrebergartensiedlung. Manche Gartenbesitzer geben gerne etwas von den kostbaren Schätzen der Natur ab, um auch anderen die Freude an selbst angebautem Gemüse zu gönnen.

4. HOCHBEET MIT PERMAKULTUR & MISCHKULTUREN ANLEGEN – WORAUF SIE ACHTEN SOLLTEN

Sicher haben Sie sich nicht für den Anbau Ihres eigenen kleinen Gemüsegartens in einem Hochbeet entschieden, um dann mit künstlichen Düngemitteln und chemischen Schädlingsbekämpfungsmitteln zu arbeiten. Dennoch soll die Ernte üppig sein und möglichst viel von Ihrem Bedarf an Gemüse und Kräutern abdecken.

Damit Ihnen dies in einem Hochbeet auf kleinstem Raum auch gelingt, sollten Sie sich mit effektiven Anbauweisen, die aber ökologisch wertvoll sind, beschäftigen.

In den folgenden Unterpunkten finden Sie hilfreiche Tipps und Tricks rund um den Selbstversorgergarten in einem Hochbeet.

4.1. GÄRTNERN IM HOCHBEET – WISSENSWERTES UND TIPPS FÜR DEN ERFOLGREICHEN ANBAU

Natürlich wird es nicht möglich sein, einen kompletten Jahresbedarf an Obst und Gemüse mit einem Hochbeet abzudecken. Dennoch lohnt sich der Aufwand, auch wenn der Platz nur für ein paar Kräuter und Radieschen ausreicht. In der Wohnung angebaut kann man sie sogar das ganze Jahr über genießen – frisch und vollkommen unbelastet. Bei einem kleinen Hochbeet konzentrieren Sie sich am besten auf schnell wachsende Gemüsesorten und Kräuter, die Sie auch sonst gerne essen. Sie werden schnell feststellen, dass das selbst angebaute Grünzeug viel besser schmeckt als das, was Sie im Supermarkt zu kaufen bekommen.

Wenn Sie Ihr Hochbeet auf einem größeren Balkon, einer Terrasse oder gar in einem kleinen Garten aufstellen können, haben Sie natürlich noch viel mehr Möglichkeiten, sich mit gesundem Gemüse, Salat und den obligatorischen Kräutern zu versorgen.

Für den erfolgreichen Anbau in einem Hochbeet gibt es drei wichtige Faktoren:

- guter Boden,
- Wasser,
- Licht.

GUTER BODEN

Um Ihre Pflanzen mit einem guten Boden zu versorgen, der stets ausreichend Nährstoffe zur Verfügung stellt, ist der Anbau in einem Hochbeet ideal. Die unterschiedlichen Bodenschichten sorgen für Wärme, guten Wasserablauf und eine kontinuierliche Nährstoffabgabe. Etwas schwieriger wird es, wenn Sie sich für eines der Fächer-Hochbeete entscheiden müssen. Diese bieten zwar auch einiges an Anbaufläche, lassen sich aber nicht ganz nach den Vorgaben für ein Hochbeet befüllen. Hier ist es umso wichtiger, dass Sie auf qualitativ hochwertige Erde und biologischen Fertigkompost setzen. Auch die Kombination von Gemüsepflanzen und Kräutern spielt eine entscheidende Rolle, dass der Boden nicht frühzeitig auslaugt und die Pflanzen in der richtigen Kombination sich gegenseitig beim Wachstum unterstützen und nicht behindern. Da ein frisch angelegtes Hochbeet erst einmal voll mit Nährstoffen ist, kann auf zusätzliches Düngen größtenteils verzichtet werden. Besonders dann, wenn Sie die Fläche Ihres Hochbeetes in verschiedene Parzellen aufteilen, die dann nacheinander mit unterschiedlich stark zehrenden Pflanzen bestückt werden. Wenn das Hochbeet groß genug ist, können Sie sogar eine

Parzelle für ein Jahr in den „Urlaub" schicken und mit Gründüngung für die nächste Anbauperiode fit machen.

Ein kleines Hochbeet, dass Ihnen die Möglichkeit der Unterteilung nicht bietet, können Sie in den ersten beiden Jahren vermehrt mit stark zehrenden Gemüsepflanzen bestücken. In den Folgejahren können Sie zur Abwechslung schwach zehrende Sorten wählen oder aber das Beet während der Anbaupause mithilfe von Kompost und Hornspänen mit neuer Energie versorgen. Auch die Einarbeitung von Grünschnitt eignet sich für die Verbesserung der Bodeneigenschaft hervorragend. Eine weitere Möglichkeit ist das Aufbringen einer Mulch-Schicht, die nicht nur den Boden vor allzu starkem Austrocknen schützt, sondern auch langsam und kontinuierlich Nährstoffe an die Pflanzerde abgibt. Daneben sind Pflanzenjauche oder Pflanzensud ausgezeichnete Nährstofflieferanten, die sich in Bio- Qualität selbst herstellen lassen.

Hinweis: Die gärende Pflanzenjauche hat einen üblen Geruch, der zwar mit Gesteinsmehl abgemildert werden kann, in der Wohnung aber nicht zu empfehlen ist. Hier ist der geruchsneutrale Pflanzensud sicher die bessere Wahl.

Wer morgens gerne frisch aufgebrühten Kaffee trinkt, sollte den Kaffeesatz nicht im Müll entsorgen, sondern zum Düngen seines Hochbeetes getrocknet aufbewahren.

Da auch in einem Hochbeet stets ein paar Pflanzenabfälle anfallen, können Sie diese selbst in der Wohnung zu wertvollem Kompost verarbeiten. Keine Sorge mit der richtigen Kompostiermethode geht das ganz ohne lästigen Geruch oder unerwünschter Schimmelbildung.

WASSER

Pflanzen brauchen zum Wachsen und Gedeihen Wasser. Am besten wäre es, wenn Sie Ihr Gemüse im Hochbeet mit Regenwasser gießen können. Dies dürfte in einem kleinen Garten oder auf der Terrasse sicher kein großes Problem darstellen. Wenn Sie allerdings nur einen Balkon zur Verfügung haben oder Ihr Hochbeet gar in der Wohnung anbauen müssen, wird das Auffangen von Regenwasser schon etwas schwieriger. Vielleicht können Sie aber den Hausbesitzer dazu überreden, eine Regentonne an das Fallrohr der Dachrinne anzuschließen. Zwar werden sich sicher auch andere Hausbewohner an dem wertvollen Nass für die Pflanzen bedienen, aber so haben Sie wenigstens mehr Regenwasser für Ihre Pflanzen als ohne diese Vorrichtung. Für ganz Mutige gibt es im Internet noch einige seltsam anmutende Vorschläge, um Regenwasser in fast allen Wohnsituationen einsammeln zu können. Ein aufgespannter Regenschirm etwa, der verkehrt herum am Geländer befestigt das kostbare Nass auffangen soll, oder eine Plane, die an den vier Ecken locker aufgehängt wird und in der Mitte ein Loch hat, unter dem ein größerer Eimer steht.

Wenn Sie dennoch auf Leitungswasser zurückgreifen müssen, sollten Sie stets darauf bedacht sein, dass es eine Zeit lang absteht und sich zumindest auf Umgebungstemperatur erwärmt hat.

LICHT

Damit Pflanzen zu keimen anfangen sowie wachsen und gedeihen können, brauchen sie Licht. Und zwar nicht irgendein Licht, sondern möglichst natürliches Tageslicht. Auf einem Balkon, der Terrasse oder in einem kleinen Garten sicher kein Problem, in einer Wohnung wird es für viele Pflanzen hingegen schon schwieriger. Sicher können Sie sich ein paar Kräuter auf der Fensterbank halten, wenn aber auch hier die

Lichtverhältnisse recht ungünstig sind, werden Sie nicht lange Freude an ihnen haben.

Während im Freien selbst auf der Nordseite für viele Gemüse- und Kräutersorten das natürliche Licht noch ausreicht, um zu wachsen, kann in der Wohnung selbst ein Platz an einem Südfenster in den dunkleren Monaten zur Keimung nicht mehr ausreichen. Dennoch müssen Sie nicht verzagen. Mit einer künstlichen Lichtquelle können Sie hier getrost Abhilfe schaffen, ohne die gesunde Anbauweise Ihres Gemüses zu gefährden. Sie sollten sich aber vor der Planung Ihres Hochbeetes informieren, welche Pflanzen auch in der Wohnung und notfalls mit Pflanzenlicht gut zurechtkommen.

GUTE PFLANZEN-PARTNER UNTERSTÜTZEN SICH BEIM WACHSTUM

Manche Pflanzen wollen hoch hinaus, andere breiten sich lieber in der Fläche aus. Genau wie es unterschiedlichen Wachstum über der Erde gibt, sieht es auch unter der Erde aus. Es gibt Pfahlwurzler, die tief in den Boden eindringen und Flachwurzler, die ein raumgreifendes Wurzelgeflecht ausbilden. Wenn man also beim Anbau sowohl überirdisch wie auch unterirdisch für die richtige Kombination sorgt, hat man viel mehr Platz für unterschiedliche Pflanzen. Auch Licht und Schatten sowie das Nährstoffangebot im Boden werden so besser genutzt.

Ein weiterer Vorteil der richtigen Pflanzen-Partner ist der Schutz vor Schädlingen und Krankheiten. Dadurch können Sie sich zusätzliche Maßnahmen mit chemischen Mitteln sparen. Diese sogenannten Mischkulturen sind nicht nur auf großen Anbauflächen sehr empfehlenswert, sondern bieten auch in einem Hochbeet sehr viele Vorteile.

Mischkultur beschränkt sich aber nicht nur auf den gleichzeitigen Anbau der verschiedenen Gemüse- und Kräutersorten, sondern auch auf die richtige Fruchtfolge, also den aufeinander folgenden Anbau im gleichen Beet. So können nach Gemüsesorten mit hohem Nährstoffbedarf durchaus noch Sorten mit schwachem Bedarf ertragreich angebaut werden, ohne dass eine grundlegende Düngung erfolgen müsste.

Genauso positiv, wie sich geeignete Pflanzen-Partner unterstützen können, können sich aber auch ungünstige Kombinationen im Wachstum behindern. Da hilft nur, einen Plan für die Bepflanzung zu erstellen. Welche Gemüsepflanzen und Kräuter sich gut vertragen oder nacheinander auf derselben Stelle angebaut werden können, finden Sie ausführlich im nächsten Teil beschrieben.

ANBAU IM HOCHBEET IM EINKLANG MIT DER NATUR

Auf den großen Anbauflächen und Gewächshäusern der industriellen Landwirtschaft sind Monokultur, künstliche Düngemittel und chemische Behandlungen an der Tagesordnung, mit teilweise erheblichen Risiken für die Gesundheit. Vom natürlichen Kreislauf fehlt jede Spur. In Ihrem Hochbeet können Sie sich jedoch einen Teil davon zunutze machen. Allein die Weiterverarbeitung von Gemüseresten zu wertvollem Kompost ist schon ein wesentlicher Beitrag zur Permakultur. Auch die Vorteile der natürlichen Verrottung im Hochbeet sind ein Bestandteil der Permakultur. Die durch die Verrottung entstehende Bodenwärme gibt jungen Pflanzen den nötigen Schub, ohne dass Sie Energie für künstliche Wärmequellen nutzen müssen. Haben Sie dann noch einen optimalen Standort für Ihr Hochbeet gefunden, haben Sie aus ökologischer Sicht alles richtig gemacht.

Da sich nicht jede Jahreszeit oder Standort für den Anbau aller Gemüsesorten eignet, sollte man hier ebenfalls auf die Natur hören und sich an dem erfreuen, was der vorhandene Standort an Erträgen hervorbringt. So können Sie der Enttäuschung von Missernten vorbeugen und können auf übermäßiges Düngen verzichten.

Das heißt aber nicht, dass eine Verlängerung der Anbauzeit durch ein Frühbeet unökologisch ist. Da ein beheiztes Frühbeet nur ein wenig mehr Wärme und Schutz für die Pflanzen bedeutet, ist es nur ein geringer Eingriff in die Natur und für diese vollkommen unschädlich. Das gilt auch für das unter dem Frühbeet angebaute oder vorgezogene Gemüse. Letztendlich nutzen Sie durch diese Maßnahme lediglich die natürlichen Gegebenheiten von Wärme und Licht und verstärken dessen positive Wirkung auf das Wachstum und die Entwicklung der Pflanzen.

4.2. BODEN, KOMPOST, HUMUSSCHICHT UND NÄHRSTOFFE FÜR DEN ANBAU IM HOCHBEET

Im Gegensatz zu einem Beet im Gartenboden spielt bei einem Hochbeet die Bodenbeschaffenheit keine Rolle. Egal, wo Sie Ihr Hochbeet letztendlich aufstellen, die Befüllung können Sie bestmöglich selbst zusammenstellen. Dennoch sollten Sie sehr viel Wert auf die Qualität des Füllmaterials legen. Das gilt besonders für die weniger voluminösen Fächer-Hochbeete für den kleinen Balkon oder die Wohnung.

BEFÜLLUNG DES STAND-HOCHBEETES

Für die unterste Schicht werden kleine Äste und Zweige empfohlen. Wenn Sie weder einen Garten noch Freunde und Bekannte mit Garten haben, können Sie einen ausgiebigen Waldspaziergang machen und sich dort mit kleinem Geäst versorgen. Alternativ, oder wenn Sie ein Stand-Hochbeet mit Zwischenboden anlegen möchten, können Sie für die Drainageschicht auch Hackgut verwenden. Manche Bau- oder Wertstoffhöfe bieten Hackgut für wenig Geld aus den umliegenden Gärten an. Sie können sich aber auch in einem Baumarkt oder Gartencenter nach Häckselgut für die Beet-Abdeckung umsehen. Es sollte aber unbedingt unbehandelt oder noch besser in Bio-Qualität sein.

Statt dem Grünschnitt von Rasenflächen können auch Blätter und Laub gute Dienste leisten. Eine günstige Quelle hierfür ist entweder Nachbars Garten oder ein nahe gelegener Park oder Wald. Alternativ ist auch für dieses Material der Bau- oder Wertstoffhof eine gute Anlaufstelle. Allerdings sollten Sie darauf achten, dass das begehrte Füllmaterial nicht zu viel Unkräuter enthält.

Auch unreifen groben Kompost finden Sie in Kompostieranlagen oder mit viel Glück bei einem Gartenbesitzer. Ein Landschafts- und Gartenbau Unternehmen kann ebenfalls eine gute Bezugsquelle sein. Für den Außenbereich in einem kleinen Garten und eventuell auf der Terrasse können Sie Pferdemist oder Kuhdung verwenden. Auch Hühnermist kann gut untergemischt werden.

Der reife Kompost ist wieder mit weniger Aufwand zu bekommen. Baumärkte, Gartencenter oder Gärtnereien bieten diesen fertig verpackt in gesiebter Bio-Qualität an. Wenn Sie das Glück haben, auf eigene Ressourcen zurückgreifen zu können, sollten Sie Ihren reifen Kompost ebenfalls vor dem Einfüllen sieben. So entfernen Sie kleine Wurzeln und haben später weniger Probleme mit unerwünschtem Pflanzenwuchs.

Bei der Pflanzerde haben Sie zwar die Möglichkeit, diese selbst herzustellen, was aber mit einem recht großen Aufwand verbunden ist und das Vorhandensein der benötigten Komponenten voraussetzt. Hier ist es also tatsächlich besser, sich auf fertige Pflanzerde zu konzentrieren. Diese sollte torffrei, unbelastet und am besten ebenfalls in Bio-Qualität gekauft werden.

So befüllt ist der Boden in Ihrem Hochbeet bestens für den Anbau Ihres Gemüses gerüstet und Sie brauchen sich zumindest in den ersten beiden Jahren kaum Gedanken über Kompost Beigaben oder andere Düngemittel machen.

BEFÜLLUNG VON FÄCHER-HOCHBEETEN

Bei den vorgestellten Hochbeeten mit Fächern für die Bepflanzung haben Sie Aufgrund des geringen Volumens und der niedrigen Höhe kaum Möglichkeit, Ihr Hochbeet mit den empfohlenen Schichten zu befüllen. Hier spielt die richtige Zusammensetzung aus reifem Kompost und guter Gartenerde eine noch größere Rolle. Für die unterste Schicht können Sie 2 bis 3 cm Hackgut oder Tonkügelchen, wie sie aus der Hydrokultur bekannt sind, verwenden.

Hinweis: Die in den 80ern und 90ern sehr beliebte Hydrokultur verzichtet auf die Verwendung von Erde. Stattdessen werden die Pflanzen in Tonkügelchen oder Blähton eingepflanzt und mit Nährlösung statt mit Wasser gegossen.

Die restliche Füllung besteht aus einer Mischung aus reifem Kompost und Gartenerde. Da die Nährstoff spendenden Schichten fehlen, müssen Sie nach einer gewissen Zeit mit geeigneten Düngemitteln nachhelfen. Da auch im reifen Kompost einiges an Nährstoffen vorhanden ist, ist in der ersten Anbauperiode jedoch kaum eine Zugabe von Nährstoffen notwendig. Eine gute Möglichkeit der sanften Düngung ist die Verwendung von selber hergestellten Pflanzensud oder einer dünnen Kompostlösung. Beide Varianten lernen Sie in Kapitel 4.3. kennen.

KOMPOST SELBER HERSTELLEN

Wenn Sie einen kleinen Garten Ihr Eigen nennen, werden Sie sich vielleicht fragen, warum der Kompostherstellung ein eigenes Kapitel gewidmet wird. Wer aber seinen Kompost auf dem Balkon, der Terrasse oder gar in der Wohnung ansetzen möchte, wird für die hilfreichen Tipps sicher dankbar sein.

WAS DARF ALLES IN DEN KOMPOST?

Damit aus Garten- und Küchenabfällen wertvoller Kompost wird, gibt es ein paar grundlegende Dinge zu beachten, ganz gleich, ob Sie im Garten, auf der Terrasse, dem Balkon oder der Wohnung kompostieren möchten. Zunächst einmal stellt sich die Frage, was in den Kompost darf und was nicht.

DAS DARF IN DEN KOMPOST:

- gesunde Pflanzenreste aus Garten und Haus,
- Rasenschnitt,
- Laub,
- Obst und Gemüsereste,
- Eierschalen (vorher unbedingt zerkleinern),
- Teesatz (auch in Beuteln),
- Kaffeesatz (auch mit Filtertüte),
- in geringen Mengen Küchenpapier, Pappe oder Zeitungspapier,
- Stroh oder Streu.

DAS DARF NICHT AUF DEN KOMPOST:

- Holzasche,
- Essensreste tierischen Ursprungs wie Fleisch, Wurst oder Knochen,
- Zitrusfrüchte,
- Bananenschalen,

- Katzenstreu,
- Pflanzenteile, die mit Pilzen oder anderen Krankheiten befallen sind.

UNTERSCHEIDUNG DER KOMPOST-ARTEN NACH REIFEGRAD

Kompost ist durch die Verrottung einem steten Wandel unterzogen. Für die Verwendung im Gemüsebeet unterscheidet man drei wichtige Kompostier-Stufen:

UNREIFER KOMPOST / FRISCHKOMPOST:

Nach etwa drei Monaten Reifezeit ist aus den Garten- und Küchenabfällen unreifer Kompost entstanden, bei dem die Bestandteile noch teilweise erkennbar sind. Er kann im Hochbeet in einer der unteren Schichten oder auch auf einem Beet mit stark zehrenden Pflanzen als Mulch verwendet werden.

REIFER KOMPOST:

Nach 6 bis 12 Monaten ist die Verrottung soweit fortgeschritten, dass die ursprünglichen Kompostgaben nicht mehr zu erkennen sind. Der Kompost sollte jetzt eine dunkle Farbe haben und nach Waldboden riechen. Wenn Sie wissen möchten, ob der Kompost reif genug für Ihr Beet ist, in dem Sie Ihr Gemüse aussäen möchten, können Sie ein wenig von dem Kompost zusammen mit Gartenerde zu gleichen Teilen in eine Schale geben und Kresse darauf ansäen. Wenn diese aufgeht, ist der Kompost genau richtig für die oberste Schicht in Ihrem Hochbeet.

KOMPOSTERDE:

Zum Schluss wird aus Kompost Erde, die nur noch wenig Nährstoffe enthält, sich aber gut zur Bodenverbesserung oder zum Mischen mit reifem Kompost eignet. So können Sie mit viel Geduld auch Ihre eigene Gartenerde herstellen.

SO KÖNNEN SIE AUCH OHNE GARTEN KOMPOSTIEREN

Für Gartenbesitzer ist es selbstverständlich, dass sich selbst im kleinsten Garten eine Ecke für den Kompost findet. Auf dem Balkon, einer Terrasse oder gar in der Wohnung scheint das Kompostieren auf den ersten Blick unmöglich. Doch auch hier müssen Sie auf die kostbare "goldene Erde" nicht verzichten.

WURMKISTE:

Zugegeben, diese Art der Indoor-Kompostierung ist wirklich nur etwas für Hartgesottene. Andererseits gibt es Wurmkomposter sogar als Sitzhocker getarnt für die Wohnung. Wem das dann doch zu weit geht, kann einen Wurmkomposter auch aus Kunststoff kaufen. Und keine Angst, bei beiden Varianten bleiben die Würmer schön brav da, wo sie hingehören. Im unteren Teil befindet sich eine Kunststoffschale, die austretende Flüssigkeit auffängt, sodass nichts auf den Boden gelangt. Allerdings müssen die Würmer richtig gefüttert und gepflegt werden, damit Sie in regelmäßigen Abständen feinsten Kompost zur Verfügung haben. Für Haushalte mit Kindern und echte Naturfreunde ein echt spannender Exkurs in die Naturkunde. Und ganz nach dem Motto „selbst ist der Gärtner" können Sie eine Wurmkiste aus Holz natürlich auch selber bauen. Das benötigte Material inklusive der Würmer können Sie als fertigen Bausatz bestellen.

BOKASHI:

Der Name klingt nicht nur japanisch, sondern diese Form der Kompostierung kommt ursprünglich auch aus Japan. Eigentlich handelt es sich bei dieser Methode gar nicht um Kompostierung, sondern vielmehr um eine milchsaure Gärung, ähnlich wie bei der Herstellung von Sauerkraut. Das Ganze findet in einem luftdicht verschlossenen Eimer-System unter der Zusetzung von Milchsäurebakterien, sogenannten effektiven

Mikroorganismen statt. Die durch die Fermentierung entstehende Flüssigkeit wird alle paar Tage entnommen und kann stark verdünnt mit dem Gießwasser als Dünger verwendet werden. Das fermentierte Material hat mit Erde rein gar nichts gemein, zersetzt sich aber, wenn es mit der Erde im Beet vermischt wird, sehr schnell.

Richtig angesetzt sind bei beiden Methoden weder Geruch noch Schimmel zu befürchten. So können Sie Ihre kostbaren Garten- und Gemüseabfälle in den Kreislauf der Natur einbinden und zur biologischen Düngung für die Pflanzen in Ihrem Selbstversorger-Beet bestens nutzen.

4.3. DÜNGER UND PFLANZENSCHUTZ FÜR IHR SELBSTVERSORGER-HOCHBEET

Ganz ohne Düngung und Pflanzenschutz geht es auch in einem Hochbeet nicht. Aber mit den richtigen Anbaumethoden und der Herstellung von biologischem Dünger können Sie Ihr Gemüse wirklich „Bio" anbauen. Besonders der Anbau in Mischkultur und die naturnahe Umsetzung nach dem Prinzip der Permakultur helfen Ihnen dabei.

Damit Schädlinge oder Krankheiten keine Chance haben, Ihre Ernte in Ihrem Selbstversorger-Hochbeet zu dezimieren oder gar zu vernichten, können Sie bereits bei der Auswahl der Gemüse- und Kräuterpflanzen viel gegen eventuelle Schädigungen unternehmen. Ähnlich wie bei der Mischkultur in der Agrarwirtschaft können auch Sie so manchen Schädling durch die richtige Kombination Ihrer Pflanzen von vornherein vertreiben. Ein weiterer Vorteil eines gut durchgemischten Anbaus ist die Wahrscheinlichkeit, dass Schädlinge nicht alle Ihre Pflanzen befallen und Sie so einen Großteil Ihrer Ernte genießen können.

Ein großer Vorteil beim Anbau in einem Hochbeet ist die Tatsache, dass viele Schädlinge, wie Schnecken oder Raupen erst gar nicht an Ihre Pflanzen kommen. Des Weiteren ist der Boden im Hochbeet erst einmal so gut mit Nährstoffen ausgestattet, dass die Pflanzen gesund und kräftig wachsen können. Dadurch verkraften Sie einen eventuellen Befall viel eher oder sind für Krankheiten und Pilze nicht anfällig.

Falls sich doch einmal ein Schädlingsbefall einstellt, sollten Sie unbedingt auf pflanzliche Bekämpfung setzen. So kann ein Sud aus Brennnesseln so mancher Laus den Garaus machen oder Ihren Pflanzen zu neuer Kraft verhelfen. Überhaupt sind Brennnesseln und Schachtelhalm im Einsatz gegen Schädlinge und zur Kräftigung der Pflanzen die Geheimwaffen schlechthin. Aber auch frische Vollmilch (bei Mehltau), eine Lösung aus Schmierseife und Wasser oder ein Sud aus Knoblauch gehören zu den biologischen Waffen eines umweltbewussten Gärtners.

Hier ein paar bewährte Rezepturen für eine biologische Schädlings- und Krankheitsbekämpfung:

BRENNNESSELAUSZUG:

500 Gramm frische Brennnesselblätter in einen Eimer geben und mit 5 Liter Wasser übergießen. Den Ansatz mindestens 12 Stunden, aber nicht länger als 24 Stunden ziehen lassen. Pur in eine Sprühflasche füllen und gegen Blattläuse zum Einsatz bringen.

WERMUTTEE:

Einen gehäuften Teelöffel Wermuttee (oder Wermut-Presssaft aus der Apotheke) mit einem Liter kochendem Wasser überbrühen und nach dem Abkühlen in eine Sprühflasche füllen. Wirkt gegen Blattläuse, Sägewespe, Erbsenwickler und Ameisen.

MILCHWASSER:

Frische Vollmilch mit 3,8 % Fettanteil im Verhältnis 1:8 mit Wasser verdünnt in eine Sprühflasche oder einen Zerstäuber geben. Hilft bei Mehltau und zur Vorbeugung von Pilzerkrankungen bei Tomaten.

KNOBLAUCHTEE:

Eine ganze Knolle Knoblauch zerdrücken und mit einem Liter kochendem Wasser überbrühen. Nach dem Abkühlen unverdünnt verspritzt hilft Knoblauchtee gegen Pilzinfektion und Spinnmilben.

SCHACHTELHALMBRÜHE:

Ebenfalls gegen Mehltau können Sie 500 Gramm Schachtelhalm (auch Zinnkraut genannt) mit 5 Liter Wasser übergießen und 24 Stunden ziehen lassen. Anschließend absieben und für 30 Minuten köcheln lassen. Im Verhältnis 1:5 mit Wasser verdünnen und die Blätter der befallenen Pflanze besprühen.

Zur Düngung und Kräftigung Ihrer Gemüsepflanzen nutzen Sie am besten Ihren eigenen Kompost. Für die Stärkung zwischendurch können Sie etwas von der austretenden Flüssigkeit des Komposts mit Wasser verdünnen und zum Gießen verwenden. Alternativ können Sie eine Handvoll Kompost in einen Eimer Wasser geben und für ein bis zwei Tage ziehen lassen. Mit dem angereicherten Wasser haben Sie einen optimalen Dünger.

Aber auch ohne Kompost finden Sie in Ihrer Küche einiges, womit Sie den Pflanzen in Ihrem Selbstversorger-Hochbeet etwas Gutes tun können:

KOCHWASSER VON KARTOFFELN, NUDELN, REIS UND GEMÜSE:

Wenn Sie nur wenig Salz und keine Gewürze im Kochwasser haben, sollten Sie es nicht wegschütten, sondern auffangen, abkühlen lassen und zum Gießen verwenden.

EIERSCHALEN:

Klein gestoßene Eierschalen sind zwar auch für den Kompost geeignet, wenn Sie die Schalen aber vorher eine Nacht in Wasser einlegen, können Sie das Gießwasser anreichern und die Schalen anschließend kompostieren.

HEFE:

Ein Würfel frische Hefe in 10 Liter Wasser auflösen ist in den Sommermonaten ebenfalls sehr erquicklich für Gemüse, Kräuter und Salat.

MAGERMILCH:

Magermilch und Wasser im Verhältnis 1:8 ist besonders für Tomaten nicht nur eine Nährstoffkur, sondern auch ein sehr gutes Pilzschutzmittel, wenn man die Tomaten von unten damit besprüht.

BANANENSCHALEN:

Sie gehören zwar nicht in den Kompost, ganz fein geschnitten können Sie aber unter die Erde geharkt werden und so zur Düngung verwendet werden. Aber bitte ausschließlich Schalen von Bio-Bananen verwenden und eher sparsam einsetzen.

BIER:

Abgestandenes Bier ist nicht nur zur Schneckenbekämpfung geeignet, sondern kann im Winter im Gießwasser ein echter Frischekick für Ihre Gemüsepflanzen sein.

Bevor Sie nun loslegen und Ihr Hochbeet und alles was dazu gehört planen, erfahren Sie in Teil 5 noch sehr viel Wissenswertes über alle möglichen Gemüsesorten, Salate und Kräuter. So können Sie den Anbau in Ihrem Hochbeet in der ökologisch wertvollen Mischkultur planen, die Prinzipien der Permakultur beim Gärtnern aufnehmen und nach und nach Ihr eigenes frisches Grün ernten und genießen.

5. GANZJÄHRIGE SELBSTVERSORGUNG MIT IHREM HOCHBEET

Auch wenn ein Hochbeet nicht den gesamten Bedarf an Obst, Gemüse, Kräutern und Salat decken kann, können Sie es mit geschickter Planung ganzjährig nutzen. Damit Sie Ihr Gartenjahr planen können, finden Sie Monat für Monat eine Übersicht über Aussaat-, Anpflanz- und Erntezeit der unterschiedlichen Selbstversorger-Pflanzen sowie je eine Tabelle über Mischkultur und Fruchtfolgen.

5.1. DAS GARTENJAHR - MONAT FÜR MONAT

Gerade wenn Sie Ihr Hochbeet in der Wohnung haben und Ihre Pflanzen selbst auf der Fensterbank vorziehen, können Sie Ihr Hochbeet ganzjährig nutzen. Für den Außenbereich ist eine Abdeckung aus Glas oder Folie (Frühbeet) zur Verlängerung der Anbau- und Erntezeit ausgesprochen hilfreich.

Der folgende Jahresüberblick soll Ihnen Monat für Monat zeigen, welche Pflanzen geerntet, angesät oder in das Hochbeet gepflanzt werden können.

JANUAR:

Der Januar gehört zu den ruhigsten Monaten in einem Gartenjahr. Dennoch können Sie auf der Fensterbank Kräuter ernten oder Kresse ansäen und nach nur wenigen Tagen genießen.

Aus einem abgedeckten Hochbeet im Freien kann in geschützter Lage Feldsalat oder Winterpostelein (Winterportulak) den Speiseplan bereichern und auch Kohlsorten wie Grünkohl, Wirsing und Rosenkohl oder Winterlauch vertragen Frost und können im Januar geerntet werden.

Ein weiteres wertvolles Gemüse für die Wintermonate ist der Chicorée, der im Dunklen getrieben wird und jetzt verzehrt werden kann.

Damit Chicorée im Winter geerntet werden kann, muss er im Mai im Hochbeet angesät werden. Während des Sommers bildet der Chicorée seine kräftigen Wurzeln aus, die dann im Oktober geerntet werden. Erst jetzt beginnt das Austreiben der begehrten Salatpflanze. Dafür werden die Blätter der Wurzel bis auf wenige Zentimeter gekürzt und die Wurzeln in einem großen Eimer, der zu ⅔ mit Pflanzerde gefüllt ist, eingegraben. In einem 10-Liter-Eimer haben sechs bis acht Wurzeln Platz. Nun muss der Eimer an einem dunklen, kühlen Ort untergebracht werden. Mehr als 12 °C bis 15 °C dürfen es nicht sein. Zur Abdunkelung können Sie dem Eimer auch eine lichtundurchlässige Haube aufsetzen. Wichtig ist jetzt regelmäßiges Gießen der Wurzeln, damit Sie nach vier bis sechs Wochen den Chicorée ernten können.

FEBRUAR:

Der Februar wird schon wesentlich lebhafter als der erste Monat im Jahr. Nun können Sie an einem hellen, warmen Fensterplatz Sellerie und Tomaten ansäen und in einem warmen Hochbeet (in der Wohnung oder einer sehr geschützten Lage auf dem Balkon oder der Terrasse) Kopfsalat sowie Radieschen ansäen. Da es im Februar noch zu kalt für Schädlinge ist, müssen Sie hier noch keine Mischkultur zum Schutz Ihrer Pflanzen planen.

Für die frische Ernte gibt es weiterhin Chicorée, Feldsalat, Winterpostelein sowie Grünkohl, Rosenkohl, Wirsing und Winterlauch.

Kräuter von der Fensterbank und stetig frisch angesäte Kresse bringen Geschmack und Vitamine in die Winterküche. Ansonsten liefern Sauerkraut, eingelegte oder eingelagerte Rote Beete sowie Lageräpfel wertvolle Vitamine in der kalten Jahreszeit.

Wenn Sie das Hochbeet für das Frühjahr fit machen wollen, sollten Sie es abdecken, damit der Boden abtrocknen kann. Auf diese Weise kann sich die Erde besser erwärmen und die Samen und Jungpflanzen sind vor Fäulnis in zu nasser Erde geschützt.

MÄRZ:

Auch wenn der März kalendarisch noch größtenteils zu den Wintermonaten zählt, kann es jetzt schon mit der Gartenarbeit losgehen. Auf der Fensterbank können jetzt Tomaten, Sellerie und Paprika für den Freilandanbau vorgezogen werden. Kresse, Petersilie und Spinat dürfen Sie ab Mitte März auch in einem ungeschützten Hochbeet im Freien ansäen. Im Frühbeet dürfen Sommerlauch, sämtliche Kohlsorten, Kohlrabi, Kopfsalat, Radieschen und große Gemüsezwiebeln angesät werden. Im warmen Hochbeet darf jetzt der Samen von Pflücksalaten in den Boden. Aus einem warmen Hochbeet können Sie die ersten Radieschen ernten und vom Hochbeet im Freien können nach wie vor Feldsalat, Winterpostelein, Winterlauch und den ersten Spinat geerntet werden.

Wenn Sie einen Garten haben oder vor Umwelteinflüssen geschützte Stellen kennen, können Sie Ihrer Gesundheit mit den ersten Brennnesselblättern etwas Gutes tun. Sie lassen sich genauso wie Spinat zubereiten, in Öl frittieren oder zu Pesto verarbeiten.

Brennnesseln sind nicht nur sehr gesund, sondern auch wertvolle Helfer im Garten. Mit einem Sud aus Brennnesselblättern lassen sich Blattläuse erfolgreich bekämpfen und Sud oder Jauche sind ein wertvoller Dünger für Ihr Hochbeet. Wenn Sie die Möglichkeit dazu haben, geben Sie der Brennnessel etwas Platz in Ihrem Selbstversorgergarten. Sie gedeiht auch in Pflanzkübeln und kann sogar in der Wohnung gezogen werden.

Da im März die Pflanzen für Ihren Gemüsegarten erst vorgezogen werden, müssen diese noch nicht in Mischkultur ausgesät werden. Allerdings sollten Sie sich anhand der Mischkultur-Tabelle bereits Gedanken machen, welche Gemüse-, Salat- und Kräutersorten Sie ansäen möchten, damit Sie später in Ihrem Selbstversorger-Hochbeet von den Vorteilen der Mischkultur profitieren können.

Zum Schutz Ihrer Pflanzen können Sie Ihr Hochbeet mit einem Sud aus Schachtelhalm besprühen, den Boden lockern und mit reifem Kompost versorgen. Abdeckungen aus Glas oder Folie sorgen im Freien dafür, dass sich der Boden besser erwärmt und eine frühere Aussaat möglich wird.

APRIL:

Der April ist der Monat mit der geringsten Ernte im Jahr. Das Wintergemüse ist aufgebraucht und das frisch angesäte noch nicht zur Ernte bereit. Dennoch hält auch dieser Monat etliche gesunde Leckereien für Sie bereit. Vor allem frische Wildkräuter wie Brennnesseln oder Löwenzahn lassen sich in geschützter Natur sammeln und zu leckerem Gemüse, Salaten oder Suppe verarbeiten. Gegen Ende April können Sie bei guter Witterung eventuell schon die ersten Radieschen aus Ihrem Selbstversorger-Hochbeet genießen.

Vorgezogene Tomatenpflänzchen dürfen an milden, sonnigen Tagen zur Abhärtung bereits ein wenig an die frische Luft gebracht werden. Obst-und Beerensträucher, die Sie eventuell in Kübeln gepflanzt haben, können zum Schutz vor Mehltau und anderen Pilzkrankheiten mit Schachtelhalmbrühe besprüht werden.

Auf der Fensterbank oder im warmen Hochbeet können Sie Basilikum, Gurken, Kürbis, Zucchini und Kapuzinerkresse ansäen. Ist das Hochbeet im Freien mit einem Frühbeet bedeckt, können Samen von Eissalat, Kohlrabi, Lauch, Sellerie, Kopfsalat und den meisten Kohlarten ausgebracht werden. Im freistehenden Hochbeet ohne Abdeckung dürfen Mangold, Möhren, Pastinaken, Pflücksalat, Rettich, Schwarzwurzeln, Spinat und Zwiebeln sowie (ab Ende April) Erbsen angesät werden. Auch frische Kräuter wie Borretsch, Dill, Petersilie und Schnittlauch können nun im

Freien ausgesät werden. Früher Blumenkohl, Frühkartoffeln, Kohlrabi-pflänzchen und Sommerlauch können im Hochbeet angepflanzt und Knoblauchzehen für die Herbsternte gesteckt werden.

Wer gerne Rhabarberkuchen oder Kompott mag, kann den Rhabarber unter einem umgestülpten Eimer jetzt schon frühzeitig zum Treiben bringen.

Da die im Hochbeet angesäten und angepflanzten Gemüsesorten, Salate und Kräuter nun auch an Ort und Stelle wachsen und gedeihen sollen, sollten Sie sich vorab anhand der Mischkulturtabelle einen Anbauplan für Ihr Hochbeet erstellt haben. Dies ist besonders im ersten Anbaujahr sehr wichtig, damit das Beet überwiegend mit Starkzehrern bepflanzt wird, da der Nährstoffgehalt jetzt im Hochbeet am höchsten ist.

MAI:

Der Wonnemonat Mai bringt nun ordentlich Leben in Ihr Selbstversor-ger-Hochbeet. Da es im Mai jedoch noch zu frostigen Nächten kommen kann (die Eisheiligen) sollten Sie für Ihr Hochbeet im Freien Schutz-vorkehrungen vorbereiten. Wenn Sie kein Frühbeet verwenden möch-ten oder können, sollten Sie auf jeden Fall Noppenfolie oder zur Not Kartonagen oder Decken für die kalten Nächte Mitte Mai bereithalten. Ein paar Latten, die Sie über das Frühbeet legen, schützen die kleinen Pflänzchen davor, dass sich das schützende Material auf die zarten Triebe legt und sie eventuell verletzt.

Der Mai ist der Aussaat- und Pflanzmonat schlechthin. So können Sie auch im ungeschützten Hochbeet im Freien Chicorée, Eisberg- und Pflücksalat, Erbsen, Möhren, Mangold, Radieschen, Rote Beete und Winterlauch ansäen.

Nach den Eisheiligen können Sie dann Buschbohnen, Gurken, Schnitt-sellerie, Stangenbohnen und Zucchini ansäen.

Wenn Sie bereits vorgezogene Pflanzen haben, dürfen Eisbergsalat,

Kohlrabi, Kopfsalat, die meisten Kohlsorten und der Sommerlauch in das Hochbeet umziehen. Nach den Eisheiligen (ca. ab Mitte Mai) dürfen Gurkenpflänzchen, Tomaten, Paprika, Sellerie, Zucchini, Spinat oder Kürbisse in Ihr Hochbeet im Freien ziehen.

Hinweis: Tomaten mögen Nässe von oben gar nicht. Daher sollten Sie Ihnen ein überdachtes Plätzchen an einer sonnigen Hauswand gönnen. Kleinere Sorten Buschtomaten können auch gut in der Wohnung in einem Fächer Hochbeet oder auf der Fensterbank gedeihen.

Wärme liebende Kräuter wie Basilikum, Rosmarin, Salbei und Thymian können jetzt ebenfalls ins Freie oder dürfen angesät werden.

Nach wie vor können Sie im Mai Radieschen und bereits den ersten Rettich ernten. Auch frischer Spinat und die letzten Reste vom Feldsalat bereichern als frische Kost den Speiseplan im Mai.

Der im April vorgetriebene Rhabarber liefert bereits jetzt die ersten zarten Stängel und darf als Grütze, Kompott oder Kuchenbelag genossen werden.

Wenn Sie etwas Farbe in Ihr Hochbeet bringen und gleichzeitig natürlichen Pflanzenschutz haben möchten, können Sie zwischen Lauch, Kartoffeln, Erdbeeren und Tomaten auch ein paar Tagetes pflanzen. Gesund und hübsch anzusehen ist auch die Kapuzinerkresse, die im Mai nach den Eisheiligen gepflanzt werden kann. Sie passt in guter Nachbarschaft zu Zucchini, Tomaten, Radieschen, Rettich und Kartoffeln.

JUNI:

Nun wird es endlich Sommer und das im Selbstversorger-Hochbeet angebaute Gemüse scheint beinahe täglich zu wachsen. Ganz allmählich können Sie von den diesjährigen Pflanzen die ersten Ernten einholen. So stehen im Juni bereits Erbsen, Karotten, Kohlrabi, Rhabarber und Salate auf dem Speiseplan. Auch Mangold, Lauch sowie Rettich und Radieschen lassen sich im Juni ernten.

Aber auch säen und pflanzen ist im Juni für schnell wachsende Gemüse und Salatsorten durchaus noch möglich. So können Sie direkt in Ihrem Hochbeet Buschbohnen, Kopfsalat für den Herbst, Pflücksalat und Eissalat sowie bis spätestens Mitte Juni Gurken, Kürbisse und Zucchini aussäen.

Jungpflanzen der verschiedenen Kohlsorten wie Brokkoli, Grünkohl, Rosenkohl, Weiß- und Rotkohl sowie Wirsing müssen spätestens im Juni angepflanzt werden. Auch für vorgezogene Kürbisse, Paprika oder Zucchini wird es nun höchste Zeit, in das Selbstversorger-Hochbeet umzuziehen.

Wenn Sie Ihren Bedarf an Radieschen, Rettich und frühen Salatsorten gedeckt haben, kann jetzt auch der erste Fruchtwechsel in Ihrem Hochbeet stattfinden. Vorher sollten Sie allerdings an ein leichtes Düngen mit Pflanzenjauche denken. Zum Schutz vor allzu schnellem Austrocknen können Sie die Erde in Ihrem Hochbeet, soweit es sehr sonnig steht, mit Mulch bedecken. Eine Gabe von zusätzlichem Kompost oder weiteren Düngemitteln ist im ersten Pflanzjahr bei einem Hochbeet jedoch in aller Regel noch nicht nötig.

Nun heißt es auch langsam auf Schädlinge, Pilzbefall oder andere Krankheiten zu achten. Neben der Mischkultur können Sie einige Ihrer Pflanzen durchaus vorbeugend gegen Pilzbefall oder Schädlinge schützen, ohne dafür die chemische Keule schwingen zu müssen. So können Sie Ihre Tomaten einmal wöchentlich mit Milchwasser besprühen, um sie vor Pilzkrankheiten zu schützen. Auch Gurken oder Stachelbeeren können mit Schachtelhalmtee gegen den gefürchteten Mehltau geschützt werden. Sollten sich Blattläuse in Ihrem Hochbeet wohlfühlen, sollten

Sie diese mit einem Brennnesselsud oder einer stark verdünnten Brennnesseljauche bekämpfen.

Denken Sie daran, die Erde in Ihrem Selbstversorger-Hochbeet regelmäßig zu lockern, damit das Wasser nicht so schnell verdunsten kann und angeflogene Unkräuter regelmäßig zu entfernen. Nach wie vor sollten Sie stets etwas Brennnesseln in Ihrem Selbstversorgergarten haben (geht auch in einem Topf in der Wohnung), um Mulch, Dünger und Pflanzenschutz griffbereit zur Verfügung zu haben.

JULI:

Nun dürfen Sie sich in aller Regel über heiße Sommertage freuen. Damit es Ihren Pflanzen im Selbstversorger-Hochbeet nicht zu heiß wird, sollten Sie in den Mittagsstunden für etwas Schatten sorgen. Auch in der Wohnung kann ein wenig Luftzirkulation mithilfe eines Ventilators Ihre Pflanzen erfrischen. Damit der Boden in Ihrem Hochbeet nicht zu viel Wasser verliert, muss er regelmäßig aufgelockert und bei Bedarf mit einer Schicht Mulch bedeckt werden. Auch sollten Sie darauf achten, dass Sie Ihre Pflanzen nicht mit dem kalten Wasser aus der Leitung, sondern (wenn kein Regenwasser zur Verfügung steht) sie mit abgestandenem, temperiertem Leitungswasser gießen. Hin und wieder schadet es Ihren Gemüsepflanzen und Salaten nicht mit etwas verdünnter Brennnesseljauche gedüngt zu werden und auch die wöchentliche Spritzung mit Milchwasser oder Schachtelhalmtee sollte nicht vergessen werden.

So langsam neigt sich die Zeit für das Ansäen und Anpflanzen von Jungpflanzen dem Ende zu. Lediglich Buschbohnen, Pflücksalat, Radieschen oder Zuckerhut dürfen noch im Freiland ausgesät werden. In einem geschützten Hochbeet können noch Endivien, Fenchel, Kohlrabi und Kopfsalat gesät werden.

Bis spätestens Mitte Juli müssen die letzten Blumenkohl-Pflänzchen gepflanzt worden sein und auch Endivien, Kohlrabi und Winterlauch müssen spätestens im Juli ihren Platz im Selbstversorger-Hochbeet finden.

Wenn die Aussaat und Pflanzzeit im Juli langsam zu Ende geht, beginnt nun die Zeit der Ernte. So können im Juli frühe Sorten von Blumenkohl und Buschbohnen, Brokkoli, Eissalat, Erbsen, Kohlrabi, Kopfsalat sowie Lauch, Mangold, Möhren und Pflücksalat geerntet werden. Sogar die ersten Tomaten sorgen Ende Juli für den Farb- und Frischekick auf Ihrem Salatteller. Vielleicht haben Sie ja auch ein paar Beerensträucher in Kübeln angepflanzt und können sich jetzt über Himbeeren, Johannisbeeren oder auch Stachelbeeren freuen. Bereits seit Ende Juni schmecken außerdem frische Erdbeeren, die Sie in Hängeampeln dekorativ in der Wohnung, auf dem Balkon oder der Terrasse in Ihrem Selbstversorgergarten integrieren konnten.

AUGUST:

So schön die Sommertage und lauen Sommernächte jetzt noch sein mögen, so langsam neigt sich das Gartenjahr dem Ende zu. Das ein oder andere Gemüse ist abgeerntet und wächst nicht mehr nach. Pflanzen, die noch weiter Früchte tragen, vertragen jetzt vermehrt eine Düngung mit Brennnessel- oder Kräuterjauche. Sollten Sie Teile Ihres Hochbeetes für eine Wintersaat vorgesehen haben, sollten Sie die Parzellen mit etwas Kompost versorgen, bevor Sie das Beet wieder belegen.

Wenn die Ernte verschiedener Obst- oder Gemüsesorten so reichlich ausfällt, dass sie nicht frisch verzehrt werden kann, geht es auch jetzt im August schon ans Haltbarmachen. Vielleicht haben Sie ja schon Johannisbeergelee oder Erdbeermarmelade eingekocht und ein paar Radieschen sauer eingelegt.

Nach wie vor können Sie im August Radieschen und für die Ernte im Spätherbst Feldsalat, Spinat, Winterkopfsalat und Winterpostelein aussäen. Auch Chinakohl, Fenchel oder Zuckerhut können Anfang August noch mittels Saatgut direkt im Hochbeet angesät werden. Wer noch nicht genug Erdbeeren genossen hat, kann jetzt noch für die späte Ernte neue Erdbeerpflanzen oder Fenchel-, Kohlrabi-, und Kopfsalat direkt ins Hochbeet setzen.

Im August können die meisten Gemüsesorten und Salate geerntet werden. So können Sie sich zum Beispiel über Bohnen, Erbsen, Kohlrabi, Lauch und Mangold, Möhren, erste Paprikaschoten, Rote Bete, Wirsing, Zucchini und Tomaten freuen.

SEPTEMBER:

Wenn sich der Sommer im September dem Ende zuneigt, füllen sich die Vorratsregale mit der Ernte aus Ihrem Selbstversorger-Hochbeet. Fast alle Gemüsesorten, die Sie im Frühjahr ausgebracht haben, können nun geerntet werden. Zusätzlich bringen Äpfel, Birnen und Pflaumen süßen Geschmack in die gesunde Küche. Diese können als Spalierobst im Hochbeet oder in Kübeln angebaut werden, oder auf einem Bio-Bauernhof frisch vom Baum gekauft werden. Auch Streuobstwiesen sind eine gute Gelegenheit um sich selbst mit den Früchten des Herbstes zu versorgen.

Aus Ihrem Selbstversorger-Hochbeet können Sie neben Blumenkohl auch Mangold, Rot- und Weißkohl, Wirsing, Kohlrabi, Sellerie, Zwiebeln und Möhren ernten. Die ersten Kürbisse leuchten aus den Beeten und die Zucchini Ernte neigt sich dem Ende zu. Zwiebeln, Bohnen und Pastinaken ergeben zusammen mit den letzten frischen Kräutern guten Eintopf und der Kopfsalat sollte nun endgültig geerntet werden.

Zusätzlich können Sie jetzt im September Ihren Speiseplan um schmackhafte Pilze aus dem Wald bereichern. Sammeln Sie aber nur Pilze, die Sie sicher kennen oder zeigen Sie Ihren Fund einem erfahrenen Pilzsammler. Manche Apotheken bieten diesen Dienst kostenlos an.

Tipp: Lassen Sie die Pilze einige Stunden in der Sonne vortrocknen, bevor Sie sie einfrieren oder zur Trocknung vorbereiten. Durch die Sonnenstrahlen reichern sich die Pilze mit Vitamin D an und sorgen so in den Wintermonaten für den nötigen Schub von dem Sonnen-Vitamin.

Im Hochbeet können jetzt Feldsalat, Frühlingszwiebeln, Spinat sowie Winterkopfsalat und Winterpostelein angesät werden. Alternativ können Sie Endivien- oder Winterkopfsalat-Pflanzen in Ihr Selbstversorger-Hochbeet ausbringen.

OKTOBER:

Nun wird es Zeit, sämtliches Gemüse, dass keinen Frost verträgt, zu ernten und für den Verzehr während der Wintermonate haltbar zu machen. Die Chicoréewurzeln werden nun in Eimer mit Sand oder Torf umgesiedelt und an einem kühlen, dunklen Ort gebracht. Die mehrjährigen Kräuter sollten langsam auf die Fensterbank gebracht werden und Schnittlauch, Petersilie und Kresse können an einem hellen Fenster angesät werden.

Nun können auch Schwarzwurzeln, der erste Rosenkohl, Winterrettiche und Zuckerhut geerntet werden. Aus den frisch geernteten Zwiebeln lässt sich köstlich duftender Zwiebelkuchen zubereiten und Endiviensalat, Kresse, Mangoldblätter und Spinat liefern einen herrlichen Herbstsalat.

Auch wenn die Tomaten noch nicht reif sind, sollten Sie nun abgenommen werden und in Zeitungspapier eingeschlagen zum Nachreifen ins Haus gebracht werden.

In einem geschützten (Frühbeet) Hochbeet im Freien können Sie Feldsalat und Winterpostelein ansäen und Winterblumenkohl sowie Winterwirsing pflanzen.

Hinweis: Wenn Sie möchten, können Sie die Anzuchterde für das nächste Frühjahr vorbereiten. Dazu benötigen Sie 1/3 reifen Kompost (gesiebt), 1/3 normale Gartenerde und 1/3 Sand.

NOVEMBER:

Jetzt im Spätherbst leert sich Ihr Selbstversorger-Hochbeet und es ist an der Zeit, den letzten Blumenkohl oder Brokkoli zu ernten. Dafür können Sie winterharte Salate wie Endivien, Feldsalat und Zuckerhut genießen und sich an Meerrettich, Schwarzwurzeln und Winterlauch erfreuen. Ansonsten können Sie den Chicorée zum Treiben bringen, Sauerkraut und eingemachtes Obst und Gemüse auf den Speiseplan setzen sowie die frischen Kräuter auf der Fensterbank ernten und haltbar machen.

Im November ruhen die Tätigkeiten an Ihrem Selbstversorger-Hochbeet im Freien. Auch in der Wohnung dürften jetzt die Lichtverhältnisse so schlecht sein, dass selbst Samen von Radieschen oder frühem Schnittsalat nicht aufgehen dürften. Nun werden auch die Kräuter auf der Fensterbank mehr und mehr abgeerntet, ohne wirklich nach zuwachsen.

Soweit noch nicht geschehen, können Sie die Erde in Ihrem Selbstversorger-Hochbeet mit einer Kompostgabe anreichern und es gegen Nässe und Kälte durch geeignete Abdeckungen schützen.

DEZEMBER:

Dass im Dezember die „stade" (stille) Zeit beginnt, hat nicht nur etwas mit der Vorweihnachtszeit zu tun. Die meiste Gartenarbeit ruht nun und auch in Ihrem Selbstversorger-Hochbeet gibt es nur noch wenig zu ernten. Lediglich Feldsalat (soweit er durch ein Frühbeet geschützt wurde), Grünkohl, Lauch und Rosenkohl können jetzt noch geerntet werden.

Als frische Beigabe können Sie den vorgetriebenen Chicorée mit Äpfeln und Walnüssen genießen. Der im Sommer angesetzte Rumtopf wärmt an kalten Wintertagen und aus eingelagertem Wurzelgemüse lassen sich herrliche Suppen und Eintöpfe zubereiten.

Kontrollieren Sie regelmäßig Ihre eingekochten, getrockneten oder eingelegten Vorräte auf Schimmelbildung oder übermäßige Gärung, damit Sie auch in der restlichen Winterzeit die Früchte Ihres Selbstversorgergartens genießen können.

5.2 SÄEN, PFLANZEN UND ERNTEN IM TABELLARISCHEM JAHRESÜBERBLICK

MONAT	SÄEN		PFLANZEN		ERNTEN
	FREILAND	FENSTERBANK/ FRÜHBEET	FREILAND	FENSTERBANK/ FRÜHBEET	
JANUAR		KRESSE			KRESSE (FENSTERBANK) GETRIEBENER CHICORÉE (IN EIMERN) FELDSALAT WINTERPOSTELEIN GRÜNKOHL ROSENKOHL
FEBRUAR		KRESSE TOMATEN SELLERIE KOPFSALAT RADIESCHEN			GETRIEBENER CHICORÉE FELDSALAT WINTERPOSTELEIN GRÜNKOHL ROSENKOHL WINTERLAUCH
MÄRZ	KRESSE PETERSILIE SPINAT	PAPRIKA SELLERIE TOMATEN GEMÜSEZWIEBELN ALLE KOHLARTEN KOHLRABI KOPFSALAT RADIESCHEN SOMMERLAUCH		KOPFSALAT	RADIESCHEN (FRÜHBEET) FELDSALAT RADICCHIO WINTERPOSTELEIN SPINAT WINTERLAUCH

MONAT	SÄEN		PFLANZEN		ERNTEN
	FREILAND	FENSTERBANK/ FRÜHBEET	FREILAND	FENSTERBANK/ FRÜHBEET	
APRIL	KOPFSALAT	GURKEN	FRÜHKARTOFFELN	SCHLANGENGURKEN	RADIESCHEN (FRÜHBEET)
	MANGOLD	KÜRBIS	KOHLRABI	TOMATEN	FELDSALAT
	MÖHREN	ZUCCHINI	KNOBLAUCH		RHABARBER
	PASTINAKEN	EISSALAT	SCHALOTTEN		SPINAT
	PFLÜCKSALAT	ALLE KOHLARTEN	SOMMERLAUCH		WINTERKOPFSALAT
	RADIESCHEN	KOHLRABI	ZWIEBELN		WINTERLAUCH
	RETTICH	KOPFSALAT			
	SCHWARZWURZELN	LAUCH			
	SPINAT	SELLERIE			
	ZWIEBELN	KRÄUTER:			
	AB ENDE APRIL:	BASILIKUM (FENSTERB.)			
	ERBSEN	KAPUZINERKRESSE			
	KRÄUTER:	SALBEI			
	BORRETSCH				
	DILL				
	PETERSILIE				
	SCHNITTLAUCH				

MONAT	SÄEN		PFLANZEN		ERNTEN
	FREILAND	FENSTERBANK/FRÜHBEET	FREILAND	FENSTERBANK/FRÜHBEET	
MAI	CHICORÉE EISSALAT ERBSEN MÖHREN MANGOLD PFLÜCKSALAT PETERSILIENWURZEL RETTICH ROTE BEETE WINTERLAUCH NACH DEN EISHEILIGEN: BUSCHBOHNEN GURKEN SCHNITTSELLERIE STANGENBOHNEN ZUCCHINI KRÄUTER: DILL BASILIKUM PETERSILIE SCHNITTLAUCH BOHNENKRAUT		EISSALAT ALLE KOHLARTEN KOHLRABI KOPFSALAT KARTOFFELN SOMMERLAUCH NACH DEN EISHEILIGEN: GURKEN KÜRBIS PAPRIKA SELLERIE TOMATEN ZUCCHINI KRÄUTER: KAPUZINERKRESSE ROSMARIN SALBEI THYMIAN	GURKEN KÜRBIS PAPRIKA SELLERIE TOMATEN ZUCCHINI KRÄUTER: KAPUZINERKRESSE ROSMARIN SALBEI THYMIAN	KOHLRABI (FRÜHBEET) KOPFSALAT (FRÜHBEET) FRÜHLINGSZWIEBELN RADIESCHEN RETTICH RHABARBER SCHWARZWURZELN SPINAT WINTERKOPFSALAT WINTERLAUCH

MONAT	SÄEN		PFLANZEN		ERNTEN
	FREILAND	FENSTERBANK/ FRÜHBEET	FREILAND	FENSTERBANK/ FRÜHBEET	
JUNI	BUSCHBOHNEN, EISSALAT, GURKEN, KÜRBIS, KOPFSALAT, MÖHREN, PFLÜCKSALAT, RADIESCHEN, RETTICH, WINTERLAUCH, ZUCCHINI	BLUMENKOHL, KOHLRABI	BLUMENKOHL, BROKKOLI, ENDIVIEN, GRÜNKOHL, GURKEN, KOHLRABI, KÜRBIS, LAUCH, PAPRIKA, ROSENKOHL, ROTKOHL, SELLERIE, WEIßKOHL, WIRSING, ZUCCHINI		ERBSEN, ERDBEEREN, JOHANNISBEEREN, MÖHREN, KOHLRABI, LAUCH, MANGOLD, RADIESCHEN, RETTICH, RHABARBER, SALATE, SPINAT, ZWIEBELN, FRISCHE KRÄUTER
JULI	BUSCHBOHNEN, CHINAKOHL, PFLÜCKSALAT, RADICCHIO, RADIESCHEN, WINTERRETTICH, ZUCKERHUT	ENDIVIEN, FENCHEL, KOHLRABI, KOPFSALAT	BLUMENKOHL, ENDIVIEN, KOHLRABI, KOPFSALAT, WINTERLAUCH		BLUMENKOHL, BUSCHBOHNEN, BROKKOLI, EISSALAT, ERBSEN, HIMBEEREN, JOHANNISBEEREN, KOHLRABI, KOPFSALAT, LAUCH, MANGOLD, MÖHREN, PFLÜCKSALAT, SPINAT, STACHELBEEREN, TOMATEN, FRISCHE KRÄUTER

MONAT	SÄEN		PFLANZEN		ERNTEN
	FREILAND	FENSTERBANK/ FRÜHBEET	FREILAND	FENSTERBANK/ FRÜHBEET	
AUGUST	CHINAKOHL FELDSALAT FENCHEL RADIESCHEN RADICCHIO SPINAT WINTERKOPFSALAT WINTERPOSTELEIN WINTERRETTICH ZUCKERHUT		ENDIVIEN FENCHEL KOHLRABI KOPFSALAT		BOHNEN EISSALAT ERBSEN FRÜHKARTOFFELN GURKEN KOHLRABI LAUCH MANGOLD MÖHREN PAPRIKA RADIESCHEN ROTE BEETE SALATE TOMATEN WIRSING ZUCCHINI
SEPTEMBER	FELDSALAT FRÜHLINGSZWIEBELN RADIESCHEN SPINAT WINTERKOPFSALAT WINTERPOSTELEIN	WINTERBLUMENKOHL WINTERWIRSING WINTERPOSTELEIN	ENDIVIEN WINTERKOPFSALAT		BLUMENKOHL BOHNEN ENDIVIEN GURKEN KOHLRABI KOPFSALAT KÜRBIS KARTOFFELN MANGOLD MÖHREN PASTINAKEN PFLÜCKSALAT RADIESCHEN RETTICH ROTE BEETE ROTKOHL SPINAT WEIßKOHL WIRSING ZUCCHINI ZWIEBELN

MONAT	SÄEN		PFLANZEN		ERNTEN
	FREILAND	FENSTERBANK/FRÜHBEET	FREILAND	FENSTERBANK/FRÜHBEET	
OKTOBER	SPINAT	FELDSALAT WINTERPOSTELEIN	WINTERZWIEBELN	WINTERBLUMENKOHL WINTERWIRSING	BLUMENKOHL BROKKOLI BUSCHBOHNEN CHICORÉE-WURZELN CHINAKOHL ENDIVIEN FELDSALAT FENCHEL KOHLRABI KOPFSALAT KÜRBIS MANGOLD MÖHREN PETERSILIENWURZEL PFLÜCKSALAT RADIESCHEN RETTICH ROTE BEETE ROSENKOHL SCHWARZWURZELN SPINAT ZUCKERHUT ZWIEBELN
NOVEMBER				PETERSILIE SCHNITTLAUCH	BROKKOLI ENDIVIEN FELDSALAT FENCHEL MEERRETTICH SCHWARZWURZELN WINTERKOPFSALAT WINTERLAUCH ZUCKERHUT
DEZEMBER					FELDSALAT GRÜNKOHL ROSENKOHL

5.3. AUF DIE RICHTIGE MISCHUNG KOMMT ES AN

Damit Ihr Selbstversorger Hochbeet stets gut gefüllt ist und gesunde Pflanzen hervorbringt, sollten Sie bei der Zusammenstellung Ihrer Gemüsepflanzen und Salate sowie Kräuter auf gute Nachbarn setzen. Gleichzeitig können Sie so effektiv eventuellen Schädlings- und Krankheitsbefall vorbeugen. Welche Pflanze sich mit welcher verträgt und was gar nicht zusammenpasst, können Sie der folgenden Übersicht entnehmen:

PFLANZE	VERTRÄGLICHE MISCHKULTUR	NICHT VERTRÄGLICH
BOHNEN	Bohnenkraut, Erdbeeren, Gurken, Kartoffeln, Kohlarten, Kohlrabi, Kopfsalat, Pflücksalat, Sellerie, rote Beete, Tomaten	Erbsen, Fenchel, Knoblauch, Lauch, Zwiebeln
ENDIVIEN	Fenchel, Kohlarten, Lauch, Stangenbohnen	
ERBSEN	Dill, Fenchel, Gurken, Kohlarten, Kohlrabi, Kopfsalat, Möhren, Radieschen, Zucchini	Bohnen, Kartoffeln, Knoblauch, Lauch, Tomaten, Zwiebeln
ERDBEEREN	Borretsch, Buschbohnen, Knoblauch, Kopfsalat, Lauch, Radieschen, Schnittlauch, Spinat, Zwiebeln	Kohlsorten, Kohlrabi
FENCHEL	Chicorée, Endivien, Erbsen, Feldsalat, Gurken, Kopfsalat, Pflücksalat, Radicchio, Salbei, Zuckerhut	Bohnen, Tomaten
GURKEN	Bohnen, Dill, Erbsen, Fenchel, Kohl, Kopfsalat, Lauch, Rote Bete, Sellerie, Zwiebeln	Tomaten, Radieschen

KARTOFFELN	Bohnen, Kapuzinerkresse, Kohlsorten, Kohlrabi, Meerrettich, Pfefferminze, Spinat	Kürbis, Tomaten, Sellerie
KNOBLAUCH	Erdbeeren, Gurken, Himbeeren, Möhren, Rote Bete, Tomaten	Bohnen, Erbsen, Kohl,
KOHLSORTEN	Bohnen, Dill, Endivien, Erbsen, Kartoffeln, Kopfsalat, Lauch, Mangold, Pflücksalat, Rote Bete, Sellerie, Spinat, Tomaten	Erdbeeren, Knoblauch, Zwiebeln
KOHLRABI	Bohnen, Erbsen, Kartoffeln, Kopfsalat, Lauch, Radieschen, Rote Bete, Sellerie, Spinat, Schwarzwurzeln, Tomaten	
KOPFSALAT	Bohnen, Chicorée, Dill, Erbsen, Erdbeeren, Fenchel, Gurken, Kohl, Kohlrabi, Lauch, Möhren, Radicchio, Radieschen, Rote Bete, Schwarzwurzeln, Tomaten, Zwiebeln, Zuckerhut	Petersilie, Sellerie
LAUCH	Endivien, Erdbeeren, Kohl, Kohlrabi, Kopfsalat, Möhren, Schwarzwurzeln, Sellerie, Tomaten	Bohnen, Erbsen, Rote Bete
MANGOLD	Kohl, Möhren, Radieschen, Rettich	
MÖHREN	Chicorée, Dill, Erbsen, Knoblauch, Lauch, Mangold, Radicchio, Radieschen, Rettich, Rosmarin, Salbei, Schnittlauch, Schnittsalat, Schwarzwurzeln, Tomaten, Zwiebeln, Zuckerhut	

PFLÜCK-/ SCHNITTSALAT	Dill, Fenchel, Kohl, Radieschen, Rettich, Rote Bete, Schwarzwurzeln, Tomaten	
RADIESCHEN / RETTICH	Bohnen, Erbsen, Kapuzinerkresse, Kohlsorten, Kohlrabi, Kopfsalat, Kresse, Mangold, Möhren, Spinat, Tomaten	Gurken
ROTE BETE	Bohnen, Dill, Gurken, Knoblauch, Kohlsorten, Kohlrabi, Pflücksalat, Zucchini, Zwiebeln	Kartoffeln, Lauch, Spinat
SCHWARZWURZELN	Kohlrabi, Kopfsalat, Lauch, Pflücksalat	
SELLERIE	Bohnen, Gurken, Kohlarten, Kohlrabi, Lauch, Tomaten	Kartoffeln, Kopfsalat
SPINAT	Bohnen, Erdbeeren, Kartoffeln, Kohlsorten, Kohlrabi, Radieschen, Rettich, Sellerie, Tomaten	
TOMATEN	Basilikum, Bohnen, Chicorée, Knoblauch, Kohlarten, Kohlrabi, Kopfsalat, Lauch, Möhren, Petersilie, Pflücksalat, Radicchio, Radieschen, Rettich, Rote Bete, Sellerie, Spinat, Zuckerhut	Erbsen, Fenchel, Kartoffeln
ZUCCHINI	Bohnen, Kapuzinerkresse, Rote Bete, Zwiebeln	
ZWIEBELN	Bohnenkraut, Chicorée, Dill, Erdbeeren, Gurken, Kopfsalat, Möhren, Radicchio, Rote Bete, Schwarzwurzeln, Zuckerhut	Bohnen, Erbsen, Kohlsorten

5.4. DARUM SIND FRUCHTFOLGEN SO WICHTIG

Damit ein Beet oder auch eine Parzelle im Hochbeet die Pflanzen optimal mit Nährstoffen versorgt, sollten der Nährstoffgehalt des Bodens sowie der Nährstoffbedarf der angebauten Gemüsepflanzen und Salate übereinstimmen. Daher ist es im ersten Jahr sehr zu empfehlen, mit sogenannten Starkzehrern (also Gemüse mit hohem Nährstoffbedarf) zu beginnen. Im Folgejahr sind es dann die Mittelzehrer und im dritten Jahr Schwachzehrer. Optimalerweise lässt man dann das Beet ein Jahr mit Gründüngung ruhen, bevor man wieder mit den Starkzehrern beginnt. Möchte man mehr Nährstoffe im Boden haben, bleibt nur die Düngung. Das kann im Hochbeet mittels Kompostgabe oder Pflanzenjauche auf ganz biologische Weise erfolgen. Dennoch sollte man die gleichen Pflanzen nicht Jahr für Jahr an derselben Stelle anbauen. Die folgende Tabelle gibt eine Übersicht über die Nährstoff-Bedürfnisse der beliebtesten Pflanzen für Ihren Selbstversorger-Garten im Hochbeet.

Starkzehrer	Blumenkohl, Gurken, Kürbis, Rosenkohl, Rotkraut, Sellerie, Weißkraut, Wirsing, Zucchini
Mittelzehrer	Grünkohl, Kohlrabi, Lauch, Möhren, Salat, Spinat, Wurzelpetersilie
Schwachzehrer	Bohnen, Erbsen, Kräuter, Radieschen, Rettich

Wenn Sie nun im ersten Jahr mit Radieschen und Salat starten möchten, sollten Sie den Boden in Ihrem Hochbeet etwas leichter machen. Dazu wird die oberste Schicht Erde mit nur wenig reifem Kompost angereichert, bekommt dafür aber etwas Sand oder untergemengt. Auf diese Weise schaffen Sie auch die etwas magereren Böden für Ihre Kräuter, die unseren nährstoffreichen Boden im Hochbeet eher weniger mögen.

6. WENN'S MAL NICHT SO KLAPPT – TROUBLESHOOTING UND FAQS

Auch in einem Hochbeet kann es natürlich passieren, dass das angebaute Gemüse, der Salat oder die Kräuter nicht so gedeihen, wie Sie es sich erhofft haben. Oft sind die Ursachen aber leicht zu beseitigen und Sie können sich mit den richtigen Maßnahmen doch noch über eine gute Ernte freuen.

6.1. HILFE BEI SCHLECHTEM PFLANZENWUCHS

Das Hochbeet ist nach allen Regeln der Kunst befüllt, in der optimalen Nord-Süd-Ausrichtung aufgestellt und mit jungen Gemüsepflanzen bestückt. Doch anstatt kräftig zu wachsen und zu gedeihen, werden die Pflanzen welk und braun oder wachsen einfach nicht so recht. Mögliche Ursachen hierfür könnten sein:

Sie haben das voll mit Nährstoffen bepackte Hochbeet mit Schwachzehrern wie Radieschen, Erbsen, Bohnen oder Kräuter bepflanzt. Durch das Zuviel an Nährstoffen können die Pflanzen nicht gedeihen und sterben von der Wurzel her ab. Besser für die ersten beiden Jahre sind Starkzehrer wie Gurken, Tomaten, Paprika oder Zucchini.

Der Boden ist zu feucht oder zu trocken. Das Gießwasser versickert durch die Folie im Hochbeet nicht oder nur sehr langsam. Dadurch kann es zu Staunässe und somit zu Wurzelfäule kommen. Dies gilt besonders für Hochbeete mit geringer Füllhöhe. Gehen Sie mit einer kleinen Schaufel etwas in die Tiefe, überprüfen Sie den Feuchtigkeitsgehalt des Bodens und ob er zu den angepflanzten Gemüsesorten passt.

Der Boden ist zu trocken. Das oberirdische Hochbeet kann sich durch die Sonne erwärmen, wodurch die Feuchtigkeit in der Erde schneller nach oben steigt und verdunstet. Gerade im Frühjahr wird dies gerne unterschätzt. Auch hier hilft eine tiefergehende Bodenprobe und eine eventuelle Anpassung der Wassermenge.

Das Mischverhältnis der obersten Bodenschicht enthält zu viel Kompostanteil. Ob das Mischverhältnis stimmt, können Sie ganz einfach innerhalb weniger Tage feststellen. Dafür nehmen Sie etwas von der obersten Schicht, füllen es in eine flache Schale und befeuchten die Erde gut. Dann säen Sie einfach ein wenig Gartenkresse an. Geht sie auf, stimmt in der Regel auch für die jungen, zarten Gemüsepflänzchen alles. Wenn nicht, sollten Sie etwas Sand oder einfache Blumenerde mit geringem Nährstoffgehalt untermischen.

Die jungen Pflänzchen bekommen zu viel Regen oder Sonne ab. Gegen den Regen hilft ein Frühbeet oder eine schräg angebrachte Plexiglasplatte, die die Pflänzchen vor zu viel Nass von oben schützt, aber das Licht durchlässt. Ein Sonnenschirm hilft vor allem in der Mittagszeit vor den starken Sonnenstrahlen und lässt dennoch genug Licht und Wärme an das junge Gemüse.

6.2. NATÜRLICHE MAßNAHMEN BEI SCHÄDLINGSBEFALL

Selbst in der Wohnung kann es zu einem Schädlingsbefall Ihrer Pflanzen und Kräuter im Selbstversorger-Hochbeet kommen. Blattläuse, Erdflöhe und Spinnmilben gehören zu den häufigsten ungebetenen Gästen. Aber gegen diese lästigen Viecher ist ein Kraut gewachsen.

BRENNNESSEL GEGEN BLATTLÄUSE

Ein Sud aus frischen Brennnesselblättern vertreibt durch die aus den Brennhärchen gelösten Brennstoffe die Blattläuse auf sehr natürliche Art und Weise. Dafür geben Sie zwei Handvoll frische Brennnesselblätter auf einen Liter Wasser. Lassen Sie die Blätter für 12 bis 24 Stunden im Wasser ziehen. Bitte keinesfalls länger als 24 Stunden, da sich sonst die Wirkung der Brennstoffe verflüchtigt. Füllen Sie die Flüssigkeit in eine Sprühflasche und sprühen die Pflanzen gründlich damit ein. Wiederholen Sie den Vorgang, bis alle Blattläuse verschwunden sind. Alternativ können Sie auch eine Lauge aus Schmierseife und Wasser herstellen und die Pflanzen damit besprühen. Allerdings ist diese Methode eher für Zimmerpflanzen und nicht für Ihre Gemüsepflanzen geeignet.

KNOBLAUCHTEE GEGEN SPINNMILBEN UND ERDFLÖHE

Sicher kennen Sie die klebrigen weißen Gebilde, die so mancher Zimmerpflanze sehr zu schaffen machen. Eine erst Maßnahme gegen diese Tierchen ist die Erhöhung der Luftfeuchtigkeit. Dies können Sie recht einfach mit einer gefüllten Wasserschale zwischen den Pflanzen erreichen. Als nächstes sollten Sie einen Tee aus Knoblauchzehen zubereiten. Für einen Liter kochendes Wasser benötigen Sie eine Knolle Knoblauch. Sie brauchen die Zehen lediglich etwas anquetschen und mit dem kochenden Wasser überbrühen. Wenn der Tee vollständig abgekühlt ist, füllen Sie ihn in eine Sprühflasche und besprühen alle Pflanzenteile. Zusätzlich können Sie die Pflanze auch noch mit dem restlichen Knoblauchtee gießen, dann gehören Spinnmilbe und Erdflöhe (hier haben die Blätter von heute auf morgen ein braun umrandetes Lochmuster) bald der Vergangenheit an.

MEHLTAU UND PILZBEFALL OHNE CHEMIE BEKÄMPFEN

Manchmal kommt es vor, dass die Gemüsepflanzen aussehen als wären sie mit einer verdünnten weißen Farbe übergossen worden - dem Mehltau. Dieser Pilzbefall kommt im Hochbeet eher selten vor, kann aber dennoch die Pflanzen schädigen oder gar ungenießbar machen. Sehr wirksam ist hier eine Sprühlösung aus einem Teil frischer Vollmilch und acht teilen Wasser. Auch eine Stärkung der Pflanzen mit Knoblauchtee oder Brennnesselsud können nicht schaden.

6.3. ANGSTTRIEBE

Wenn Ihre Gemüsepflanzen oder Kräuter ungewöhnlich lange Triebe in blassgrüner Farbe entwickeln, reicht wohl das Tageslicht nicht für ein normales Wachstum aus. Das passiert vor allem in einem Hochbeet, das in der Wohnung steht. Selbst an einem Süd-West-Fenster fällt manchmal zu wenig Tageslicht auf das Hochbeet und die Pflanzen bilden Angsttriebe. Hier hilft dann nur noch eine künstliche Lichtquelle, die das fehlende Tageslicht ergänzt. Allerdings sollten Sie auch hier einen Tag-Nacht-Rhythmus vorgeben und das Pflanzenlicht mithilfe einer Zeitschaltuhr lediglich zur Verlängerung und Intensivierung des Tageslichts nutzen.

6.4. PFLANZEN STEHEN ZU ENG

Da junge Pflanzen noch einen sehr geringen Platzbedarf haben, kann es durchaus passieren, dass man in der ersten Euphorie die Pflanzen viel zu eng setzt. Damit sich die Gemüsepflanzen nicht gegenseitig in ihrem Wachstum behindern, sollten Sie etwas Platz schaffen. Manche

Gemüsesorten wie Radieschen, Möhren oder Pflücksalate lassen sich schon in frühem Stadium ernten, sodass die übrigen Pflanzen in Ruhe wachsen können. Bei Gemüsesorten, die in sehr frühem Stadium noch nicht geerntet werden können, müssen entweder einige Pflanzen in Blumenkästen oder Pflanzkübel auswandern oder sie spenden in Form von Kompost dem Hochbeet neue Energie.

6.5. MISCHKULTUR FÜR EINE REICHE ERNTE

Wenn Sie beim Anbau Ihres Selbstversorger-Hochbeetes die meisten der oben stehenden Probleme von vorneherein vermeiden möchten, empfiehlt es sich, dieses nach den Regeln der Mischkultur anzulegen. Dabei spielt nicht nur die Verträglichkeit der Gemüsepflanzen untereinander eine Rolle, sondern auch der Anbau mit wechselndem Platzbedarf sowie oberirdischen und unterirdischen Früchten. Auf diese Weise stellen Sie sicher, dass eventuelle Schädlings- oder Krankheitsbefälle nicht die gesamte Ernte im Hochbeet gefährden. Zusätzlich können Sie um einiges mehr Gemüsepflanzen, Salate und Kräuter in Ihrem kleinen Selbstversorgergarten im Hochbeet unterbringen.

6.6. DIE HÄUFIGSTEN FAQ RUND UMS HOCHBEET

Kann ich auf dem Balkon oder in der Wohnung ebenfalls ein Hochbeet bepflanzen? Grundsätzlich wachsen und gedeihen viele Gemüsesorten, Salate und Kräuter durchaus auch in einem Hochbeet, das sich in einem geschlossenen Raum befindet. Allerdings sollte hier, wie auch bei einem Hochbeet für den Balkon, das enorme Gewicht eines Stand-Hochbeetes bedacht werden. Gerade auf einem Balkon kann es hier durchaus zu statischen Problemen kommen. Mit den in Kapitel 2 vorgestellten Hochbeetvarianten Eck-Hochbeet mit Fächern oder Hänge-Hochbeet für die Wohnung haben Sie jedoch platzsparende und leichtgewichtige Varianten, die Ihnen auch in der Wohnung eine Menge Anbaufläche bieten.

WELCHER STANDORT IST AM BESTEN FÜR EIN SELBSTVERSORGER-HOCHBEET?

Da die meisten Gemüsesorten und Kräuter einen Platz an der Sonne bevorzugen, sollten Sie für Ihr Hochbeet auf der Terrasse, dem Balkon oder einem kleinen Garten eine Stelle wählen, die möglichst sonnig ist. Aber auch im Halbschatten gedeihen durchaus viele Gemüsepflanzen wie Salate, Mangold oder Spinat. Lediglich ein komplett schattiges Plätzchen ist für den erfolgreichen Anbau in Ihrem Selbstversorger-Hochbeet nicht zu empfehlen.

Sollten Sie Ihr Hochbeet in der Wohnung aufstellen wollen, ist ein Fenster in südöstlicher oder südwestlicher Richtung am geeignetsten. Besteht lediglich an einem Nordfenster die Möglichkeit, Ihren kleinen Garten im Hochbeet anzubauen, sollten Sie auf ein künstliches Pflanzenlicht nicht verzichten.

WANN IST DER BESTE ZEITPUNKT, UM EIN HOCHBEET ZU BEFÜLLEN?

Für die Befüllung eines Stand-Hochbeetes ist der Herbst die beste Jahreszeit. In aller Regel fallen in dieser Jahreszeit die meisten Gartenabfälle an, die Sie für die Füllung Ihres Selbstversorger-Hochbeetes benötigen. Sie können aber natürlich auch im Frühjahr oder im Sommer mit dem Anbau beginnen und Ihr Hochbeet entsprechend vorbereiten. Bei Hochbeeten mit geringerem Volumen muss bei den verschiedenen Schichten ohnehin improvisiert werden. So können Sie hier ganz nach Lust und Laune in jeder Jahreszeit mit Ihrem Selbstversorger-Beet beginnen.

WOHER BEKOMME ICH FÜLLMATERIAL, WENN ICH KEINEN EIGENEN GARTEN HABE?

Bei einem ausgiebigen Spaziergang in einem Wald oder Park können Sie sicher einiges an Zweigen, Ästen und Laub sammeln. Auch in Sammelstellen für Gartenabfälle, Kleingarten-Anlagen oder Gärtnereien können Sie einiges an Material bekommen. Ansonsten finden Sie in guten Gartencentern, Gärtnereien und Baumärkten eine große Auswahl an Mulch, Fertigkompost und Pflanzenerde. Achten Sie aber unbedingt auf torffreie Erden und Bio-Qualität.

MUSS ICH DAS HOCHBEET AUFFÜLLEN, NACHDEM ES SICH ABGESENKT HAT?

Durch den natürlichen Verrottungsprozess in einem Hochbeet senkt sich der Boden im Laufe der Zeit ab. Vor einem Fruchtwechsel empfiehlt es sich daher, die Höhe der Hochbeet-Befüllung mit einer Mischung aus reifem Kompost und Pflanzerde wieder aufzufüllen.

WIE OFT SOLLTE DIE BEFÜLLUNG IN EINEM SELBSTVERSORGER-HOCHBEET GEWECHSELT WERDEN?

Stand-Hochbeete, die aus allen Schichten in der empfohlenen Höhe bestehen, sollten alle paar Jahre tatsächlich neu befüllt werden. Je nachdem, wie stark die Verrottung fortgeschritten ist, sollte das Hochbeet komplett oder zumindest bis zur Hälfte mit frischem Material befüllt werden. Nur so können die Vorteile eines Hochbeetes, welche die Nährstoffversorgung, Wärmeentwicklung im Boden und Anbauhöhe betreffen, erhalten bleiben.

Kleinere Hochbeete, die weniger Material zur Verrottung beinhalten, sollten spätestens alle zwei Jahre komplett neu befüllt werden.

Fächer-Hochbeete, die lediglich mit Fertigkompost und Gartenerde aufgefüllt wurden, werden am besten mindestens einmal jährlich neu befüllt.

WAS PASSIERT MIT DEM HOCHBEET IM WINTER?

Wenn Sie Ihr Hochbeet in der Wohnung stehen haben, können Sie es auch während der Wintermonate mit geeigneten Gemüsesorten und Kräutern bepflanzen. Im Freien helfen ein Frühbeet oder Folientunnel, die Anbau- und Erntezeit zu verlängern. Allerdings müssen auch Gemüsesorten, die Sie während der Wintermonate ernten können, im späten Frühjahr oder Sommer vorgezogen werden, damit sie zum Jahresende geerntet werden können.

Sollten Sie sich dazu entscheiden, Ihr Hochbeet abgeerntet über den Winter brach liegen zu lassen, sollten Sie es mit einer Schicht aus halbreifen Kompost, Laub, Reisig oder Mulch abdecken. So verhindern Sie, dass die Nährstoffe ausgewaschen werden und sich die oberste Bodenschicht während der Wintermonate erneut mit Nährstoffen anreichern kann.

7. EINLEGEN, EINKOCHEN, EINFRIEREN - SO MACHEN SIE IHRE HOCHBEET ERNTE HALTBAR

Wenn Sie nicht nur von Frühjahr bis Herbst Ihr selbst angebautes Gemüse genießen möchten und nach der Ernte im Herbst für den Winter geeignetes Gemüse anbauen wollen, werden Sie das ein oder andere Gemüse für den späteren Genuss haltbar machen müssen. Leider haben nur noch sehr wenige Menschen die Möglichkeit, einen kühlen, dunklen Keller oder eine Erdmiete für die Lagerung nutzen zu können. Daher bieten sich traditionelle und moderne Methoden der Konservierung an. Nicht alle Gemüsesorten und Kräuter eignen sich für ein und dieselbe Konservierung. Doch mit dem richtigen Know-how können Sie fast alles, was Ihr Selbstversorger-Hochbeet hergibt, für später haltbar machen.

7.1. GEMÜSE HALTBAR MACHEN

Um die Gemüseernte auch in den Wintermonaten genießen zu können, gibt es neben der Einlagerung noch weitere praktische und auch sehr leckere Methoden, um das Gemüse für den späteren Verzehr auf schonende Weise aufzubereiten.

GEMÜSE - EINFRIEREN

Eine einfache, doch nicht gerade platzsparende Möglichkeit, die Haltbarkeit von frischem Gemüse zu verlängern, ist das Einfrieren. Manche Gemüsesorten wie Karotten oder Zucchini können Sie nach dem Zerkleinern ohne weitere Vorbereitung einfrieren. Damit Sie Ihr Tiefkühlgemüse portionsweise genießen können, haben Sie mehrere Möglichkeiten.

KLEINE PORTIONEN EINFRIEREN:

Geben Sie kleinere Portionen in entsprechende Behältnisse oder Gefrierbeutel und tauen Sie sie einzeln nach Bedarf auf.

GEMÜSEWÜRFEL VOR DEM ABPACKEN FROSTEN:

Damit Sie die einzelnen Gemüsewürfel nach dem Einfrieren portionsweise entnehmen können, können Sie ein Backblech oder eine flache Auflaufform mit Backpapier auslegen, die Gemüsewürfel locker darauf verteilen und in der Gefriertruhe vorfrosten. Danach werden die Gemüsewürfel oder Scheiben in gefriergeeignete Behältnisse gegeben und können gut einzeln entnommen werden.

Manche Gemüsesorten sollten vor dem Einfrieren blanchiert werden. Durch das Blanchieren werden zelleigene Enzyme deaktiviert und vorhandene Keime abgetötet. Außerdem gehen beim Auftauen weniger Vitamine verloren.

Hierfür wird das gewaschene, geschälte und zerkleinerte Gemüse für wenige Minuten in sprudelnd kochendes Wasser gegeben und nach dem Abgießen sofort in Eiswasser abgekühlt. Dann gut abtropfen lassen und wie gewünscht einfrieren. Zu den Gemüsesorten, für die das Blanchieren vor dem Einfrieren empfohlen wird, zählen:

- Bohnen
- Erbsen
- Blumenkohl
- Spinat
- Fenchel
- Mangold
- Spargel

Allerdings gibt es auch Gemüsesorten, die zum Einfrieren nicht geeignet sind. Dazu gehören sehr wasserhaltiges Gemüse wie Salatgurken, alle Arten von Blattsalaten sowie Kartoffeln oder Tomaten.

GEMÜSE - VAKUUMIEREN

Auch das Vakuumieren ist eine gute Methode, um Frisches aus dem Hochbeet für längere Zeit haltbar zu machen. Vakuumiertes Gemüse ist im Kühlschrank bis zu 20 Tage haltbar und die Verweildauer in der Gefriertruhe verlängert sich sogar um das Dreifache.

Ähnlich wie beim Einfrieren können manche Gemüsesorten direkt roh vakuumiert werden, während andere vorher besser blanchiert werden. Hierbei können Sie sich an die Empfehlungen für das Einfrieren von Gemüse orientieren.

Beim Vakuumieren wird mithilfe einer Pumpe sämtliche Luft aus der Verpackung gesogen und diese anschließend durch eine Schweißnaht luftdicht verschlossen. So wird der Zersetzungsprozess durch Mikroorganismen und Enzyme stark verlangsamt, während Vitamine, Mineralien und Nährstoffe erhalten bleiben. Auch Bissfestigkeit und Farbe bleiben bei vakuumierten Gemüse zum Großteil erhalten. Ein weiterer Vorteil dieser Methode der Konservierung ist der wesentlich geringere Platzbedarf im Vergleich zum Einfrieren.

Da Vakuumiergeräte mit Schweiß-Funktion mittlerweile zu erschwinglichen Preisen erhältlich sind, ist eine solche Anschaffung bei einem größeren Selbstversorger-Hochbeet durchaus überlegenswert.

GEMÜSE - TROCKNEN UND DÖRREN:

Fast alle Gemüsesorten können getrocknet werden, allerdings behält nicht alles Gemüse nach dem Trocknen seinen Geschmack oder kann wie frisch verwendet werden. Getrocknetes Gemüse muss vor dem Verzehr eingeweicht und am besten mit dem Gericht gekocht werden. Daher eignen sich Gemüsesorten, die den Speisen auch Würze und Aroma verleihen, am besten zum Trocknen. Dazu gehören in erster Linie:

- Karotten
- Lauch
- Sellerie
- Tomaten
- Zucchini
- Paprika
- Petersilienwurzel

Die einfachste Art, frisches Gemüse zu trocknen, ist die Lufttrocknung. Dies setzt aber eine trockene und warme Witterung über mehrere Tage voraus. Wenn dies nicht gewährleistet ist, sollten Sie den Trocknungsvorgang besser im Backofen oder mit einem Dörrgerät tätigen.

TROCKNEN IM BACKOFEN:

Waschen, schälen und schneiden Sie das Gemüse in mundgerechte Stücke und legen es locker auf ein mit Backpapier ausgelegtes Backblech oder Gitter.

In der Zwischenzeit heizen Sie den Backofen auf 50 bis 80 Grad Celsius Umluft vor und schieben ein oder mehrere Backbleche bzw. Gitter in den Ofen. Damit die Feuchtigkeit aus dem Ofen entweichen kann, sollten Sie einen Kochlöffel in die Ofentüre klemmen, sodass diese einen Spalt geöffnet bleibt. Je nach Gemüsesorte kann der Trocknungsvorgang mehrere Stunden dauern. Dennoch sollten Sie das Gemüse während des Trocknens stets im Auge behalten und den Trocknungsgrad hin und wieder überprüfen.

TROCKNEN IM DÖRRAUTOMAT:

Ähnlich wie im Backofen wird bei einem Dörrautomat das Gemüse durch warme Luft getrocknet. Der Vorteil eines Dörrautomaten liegt an der konzentrierten Luftzirkulation, die die erwärmte Luft von unten durch das Gemüse bläst und das geringere Raumvolumen, wodurch einiges an Energie gespart wird. Da das klein geschnittene Gemüse in einem Dörrautomaten auf engmaschige Gitter gelegt wird, trocknet es schneller.

GEMÜSE - EINKOCHEN / EINWECKEN

Nicht nur Obst, sondern auch Gemüse kann man durch Einkochen oder Einwecken für lange Zeit haltbar machen. Zwar ist das Einkochen mit einiger Mühe und einem recht hohen Arbeitsaufwand verbunden, dafür bleibt der Platz im Kühlschrank oder der Gefriertruhe aber frei, da die Gläser am besten im dunklen Keller oder der Speisekammer aufbewahrt werden.

Die meisten Gemüsesorten lassen sich ohne große Vorkehrungen einkochen. Lediglich proteinreiches Gemüse wie Kichererbsen bedürfen mehr Aufmerksamkeit.

SIE BENÖTIGEN ZUM EINKOCHEN:

- Weckgläser (entweder mit Schraubverschluss oder mit Gummiring, Glasdeckel und Klammer)
- einen großen Topf oder eine tiefe Auflaufform
- Geschirrtücher
- Greifzange

Zunächst waschen, schälen und schneiden Sie das Gemüse. Dann füllen Sie es in die Gläser, lassen aber noch ein paar Zentimeter unter dem Glasrand Platz. Nun füllen Sie die Gläser mit heißer Flüssigkeit

(Zucker-, Salz- oder Essigwasser) auf, sodass das Gemüse gut bedeckt ist. Es sollte aber immer noch mindestens ein Zentimeter bis zum Rand Platz sein. Danach verschließen Sie die Gläser. Nun legen Sie ein gefaltetes Geschirrtuch in den Topf oder die Auflaufform und stellen die Gläser darauf. Nun gießen Sie in den Topf oder die Auflaufform heißes Wasser. Im Topf sollten die Gläser zu drei Viertel im Wasserbad stehen, in der Auflaufform reichen zwei bis drei Zentimeter.

Nun fragen Sie sich sicher, warum ein Topf oder eine Auflaufform benötigt wird? Der Grund ist ganz einfach: Man kann das Gemüse im Topf einkochen oder auch im Backofen.

EINKOCHEN IM TOPF:

Stellen Sie den Topf auf die Herdplatte, legen das gefaltete Geschirrtuch hinein und stellen die gefüllten und geschlossenen Gläser darauf. Dann geben Sie das heiße Wasser in den Topf und schalten die Herdplatte ein (mittlere Hitze, damit die Gläser nicht platzen). Wenn das Wasser kocht, muss der Inhalt der Gläser je nach Gemüsesorte für 10 bis 90 Minuten sieden. Das erkennen Sie an den fein aufsteigenden Bläschen im Glas. Die Wassertemperatur im Topf sollte dabei 100 °C nicht übersteigen. Wenn die Garzeit vorüber ist, lassen Sie den Topf und die Gläser erst eine Weile abkühlen, ehe Sie die Gläser entnehmen. Legen Sie ein gefaltetes Geschirrtuch auf die Abstellfläche und nehmen Sie die Gläser mit einer Greifzange vorsichtig aus dem Topf und stellen Sie sie auf das Geschirrtuch. Das Geschirrtuch dient dazu, den Temperaturunterschied zwischen Glas und Oberfläche abzumildern und sollte nicht weggelassen werden. Ansonsten könnte es passieren, dass die Gläser springen und die ganze Mühe umsonst war.

EINKOCHEN IM BACKOFEN:

Heizen Sie den Backofen auf 100 °C ohne Umluft vor. Legen Sie ein gefaltetes Geschirrtuch auf das Backblech oder besser in die Auflaufform und stellen Sie die gefüllten und verschlossenen Gläser darauf. Nun füllen Sie zwei bis drei Zentimeter heißes Wasser in die Form und schieben sie in die untere Schiene in den Ofen. Sobald in den Gläsern feine Luftbläschen aufsteigen, beginnt die Einkochzeit. Diese ist von Gemüse zu Gemüse verschieden. Anschließend schalten Sie den Herd aus und lassen die Gläser und die Form bei geöffneter Backofentür ebenfalls abkühlen. Dann stellen Sie die Gläser auf ein gefaltetes Geschirrtuch, bis sie gänzlich abgekühlt sind.

Damit es später zu keinen bösen Überraschungen kommt, überprüfen Sie die Gläser vor dem Einräumen, ob sie wirklich vakuumiert sind. Bei Schraubdeckeln sollte in der Mitte des Deckels eine leichte Wölbung nach unten zum Glas hin zu sehen sein. Bei den Weckgläsern mit Gummiring und Klammer müssen die Glasdeckel nach lösen der Klammer fest auf dem Gummi sitzen. Dann können Sie sicher sein, dass Ihr eingemachtes Gemüse auch noch nach Monaten ein Genuss sein wird.

GEMÜSE - EINLEGEN

Wenn Sie Ihren Gemüsevorrat nur für einige Wochen haltbar machen wollen, können Sie es auch in einem Essigsud oder Öl einlegen.

Das Einlegen ist vor allem für knackiges Gemüse wie Essiggurken, Radieschen, Paprika oder Zwiebeln und Knoblauch eine gute Alternative, da es auch nach dem Einlegen noch schön bissfest bleibt.

EINLEGEN IN ESSIGSUD

Wenn Sie Ihr Gemüse in einem Essigsud einlegen möchten, waschen, schälen und schneiden Sie das Gemüse und füllen es in ein Glas mit Schraubdeckel. Nun kochen Sie Wasser mit Essig und Gewürzen nach

Wahl auf und gießen die noch kochende Flüssigkeit in das Glas. Anschließend verschrauben Sie das Glas sofort fest und stellen es zum Abkühlen auf den Deckel. Durch das Abkühlen entsteht im Glas ein Vakuum und der Deckel verschließt das eingelegte Gemüse luftdicht. So haltbar gemacht, hält das Gemüse ca. 7 bis 10 Tage im Kühlschrank, sollte aber nach dem Öffnen rasch verzehrt werden. Wenn Sie auf längere Haltbarkeit Wert legen, können Sie die Gläser, wie oben beschrieben, nach dem Befüllen noch zusätzlich einkochen.

EINLEGEN IN ÖL

Da in Öl eingelegtes Gemüse nicht konserviert, sondern nur vor Sauerstoff geschützt ist, sollte das Gemüse vor dem Einlegen kurz in Salzwasser, Essigsud oder Brühe gekocht oder im Backofen gegrillt werden. Anschließend kann es abgekühlt in sauber ausgekochte Gläser gefüllt und mit gutem Öl (am besten Olivenöl) bedeckt werden. Zur Aromatisierung können noch Gewürze und Kräuter mit in das Glas gegeben werden. Nach zwei bis drei Tagen können Sie das so eingelegte Gemüse bereits genießen. Wenn das Glas luftdicht verschlossen und wirklich alles mit Öl bedeckt ist, erreichen Sie eine Haltbarkeit von bis zu sechs Monaten.

GEMÜSE - FERMENTIEREN

Das wohl bekannteste fermentierte Gemüse ist Sauerkraut. Doch fast jedes Gemüse kann milchsauer vergoren für lange Zeit haltbar gemacht werden. Am besten eignet sich zum Fermentieren festes Gemüse wie:

- Karotten
- Rote Beete
- Rot- und Weißkohl
- Rettich
- Radieschen
- Sellerie

Das Gemüse wird gründlich geputzt, bei Bedarf geschält und klein geschnitten, gehobelt oder geraspelt. Anschließend muss das Gemüse ordentlich gesalzen werden. Für ein Kilogramm Gemüse sollten Sie ca. 20 Gramm Salz hinzufügen. Das Gemüse und das Salz dann kräftig durchmengen, bis Saft austritt. Besonders hartes Gemüse kann auch gestampft werden (wie früher das Weißkraut im Krautfass). Danach wird das Gemüse mit Saft in ein steriles Gefäß mit weitem Hals so dicht wie möglich gefüllt. Anschließend muss das Ganze noch mit einem Glas Wasser oder einem mit Wasser oder Steinen gefüllten Gefrierbeutel beschwert werden. Zum Abdecken des Gefäßes wird ein Deckel oder ein Teller lose darauf gelegt. Eventuell kann ein Baumwolltuch dazwischen gelegt werden, damit keine Fliegen an das Gemüse kommen. Nach spätestens 24 Stunden muss das Gemüse komplett mit der ausgetretenen Flüssigkeit bedeckt sein. Reicht die Flüssigkeit nicht aus, können Sie mit Salzlake nachhelfen. Dafür kochen Sie einen Liter Wasser mit 20 Gramm Salz auf und geben es nach dem Abkühlen zu dem Gemüse, bis es vollständig bedeckt ist. Nur so entstehen die für die Fermentierung notwendigen Milchsäurebakterien und es kann sich kein Schimmel bilden.

Sobald der Gärprozess beginnt, bilden sich Luftbläschen. Nach deren Verschwinden ist der Fermentierungsprozess abgeschlossen und Sie können das Gemüse samt Flüssigkeit in luftdicht verschließbare Gläser füllen. Kühl und dunkel aufbewahrt können Sie den Inhalt bis zu einem halben Jahr genießen.

GEMÜSE - RELISH / CHUTNEY KOCHEN

Eine sehr delikate Variante Gemüse einzukochen sind Relishes. Hierfür eignen sich überwiegend weichkochende Gemüsesorten wie:

- Zucchini
- kleine Kürbisse
- Tomaten
- Zwiebeln

die gerne auch mit der ein oder anderen Obstsorte gemischt werden dürfen und durch raffinierte Würzung einzigartige Aromen erhalten.

Für das Relish oder Chutney wird das Gemüse in kleine Stücke geschnitten und mit ein wenig Essig oder würziger Brühe und verschiedenen Gewürzen eingekocht, bis es eine sämige Konsistenz hat. Anschließend wird das kochend heiße Relish in sterilisierte Gläser gefüllt und sofort luftdicht verschlossen. Nach dem Abkühlen hält sich das Relish oder Chutney ebenso wie eingekochtes Gemüse für mehrere Monate. Das Chutney kann warm oder kalt zu kurzgebratenem Fleisch oder als Brotaufstrich genossen werden.

7.2. OBST HALTBAR MACHEN

Genau wie beim Gemüse kann es auch bei Obst zu einer regelrechten Schwemme kommen, die frisch nicht zu verzehren ist. Damit Sie noch länger in den Genuss Ihres selbst angebauten Obstes kommen, können Sie es für den späteren Verzehr haltbar machen. Für die meisten Obstsorten eignen sich die gleichen Konservierungsmethoden wie für das Gemüse.

OBST - EINFRIEREN

Das Einfrieren ist besonders für empfindliches Beerenobst eine gute Möglichkeit, die Früchte für viele weitere Gerichte haltbar zu machen. Auch Steinobst wie Kirschen, Pflaumen, Zwetschgen und Mirabellen lassen sich nach dem Einfrieren noch gut für Kuchen, Kompott oder Chutney verwenden. Damit Sie das Steinobst nach dem Auftauen besser verarbeiten können, sollten Sie die Kerne vor dem Einfrieren unbedingt entfernen.

OBST - VAKUUMIEREN

Da die meisten Obstsorten sehr druckempfindlich sind, ist das Vakuumieren zum Konservieren von Obst nur bedingt geeignet.

OBST - TROCKNEN UND DÖRREN:

Getrocknetes Obst ist sehr geschmacksintensiv und ausgesprochen gesund. Besonders Obstsorten, die nicht so wasserhaltig sind, eignen sich hervorragend zum Trocknen. Dazu gehören:

- Äpfel
- Birnen
- Aprikosen
- Pflaumen
- Bananen

In luftdicht verschlossenen Behältnissen an einem trockenen und kühlen Ort aufbewahrt hält getrocknetes Obst lange Zeit und ist ein gesunder Snack für zwischendurch.

OBST - EINKOCHEN / EINWECKEN

Genau wie Gemüse kann Obst natürlich auch eingekocht werden. Kleineres Obst wie Beeren, Zwetschgen, Kirschen oder Mirabellen können im ganzen (am besten aber ohne Kern) in Weckgläser gefüllt und in einer Zuckerlösung eingekocht werden.

Wenn Sie gerne Kompott essen, brauchen Sie das Obst nur klein zu schneiden und es in Zuckerwasser, Wein, Saft oder Essigwasser weich zu kochen. Sobald das Kompott eine sämige Konsistenz hat, füllen Sie es kochend heiß in sterilisierte Gläser und verschließen diese sofort luftdicht.

Eine weitere Variante Obst einzukochen sollte hier natürlich nicht unerwähnt bleiben, denn was wäre ein Sommer ohne selbst gekochte

Marmelade. So gibt es fast keine Obstsorte, aus der Sie mithilfe von Gelierzucker keine leckere Konfitüre machen könnten. Für die Marmelade werden die Früchte gewaschen, von Kernen, Stielen und Kerngehäusen befreit und in Stücke geschnitten. Dann kommen sie zusammen mit Zucker oder Gelierzucker in einen großen Topf. Wenn beim Marmelade einkochen Zucker verwendet wird, ist das Verhältnis Früchte zu Zucker 3:2. Bei der Verwendung von Gelierzucker wird meist ein Verhältnis von 1:1 oder 2:1 angesetzt. Nun werden Fruchtstücke und Zucker während des Erhitzens gerührt, bis sich der Zucker vollständig aufgelöst hat. Dann für etwa 5 Minuten aufkochen, dabei immer wieder gut umrühren. Neben Zucker kann man zu den Früchten für die Marmelade auch noch Vanilleschote, Ingwer, Nelken oder Zimt zum Aromatisieren geben. Sobald die Marmelade fertig ist, wird sie noch kochend in vorbereitete Schraubgläser gefüllt. Schraubgläser sofort verschließen und zum Auskühlen auf den Deckel stellen. Durch den Zucker ist die Marmelade gut konserviert und hält sich sehr lange, wenn sie nicht schon vorher auf ein leckeres Sonntagsbrötchen gestrichen wird.

OBST - EINLEGEN

Statt in Essig und Öl können Sie Obst sehr gut in Alkohol einlegen. Die wohl bekannteste Variante ist der Römertopf. Hierfür werden die verschiedenen Obstsorten in mundgerechte Stücke geschnitten, mit Zucker vermischt, in einen Tontopf geschichtet und mit Rum übergossen, bis sämtliches Obst bedeckt ist. Wichtig ist, dass der verwendete Alkohol mindestens 50 % Vol. hat, damit das Obst nicht gärt oder gar schimmelt. Nach zwei bis drei Monaten Reifezeit (am besten aber noch länger) können die beschwipsten Früchte genossen werden.

OBST - FERMENTIEREN

Auch Obst kann durch Fermentierung haltbar gemacht werden. Allerdings darf es nicht wie das Gemüse durch Salz zur Fermentierung gebracht werden. Stattdessen verwendet man frische Hefe und Zucker. Für 1 kg Früchte benötigen Sie einen Würfel Hefe, der in einem guten Esslöffel heißem Wasser aufgelöst werden muss. Dann vermischen Sie die Fruchtstücke mit der Hefe und füllen alles in ein sterilisiertes Gefäß. Nun geben Sie den Zucker hinzu. Anschließend müssen Sie das Obst und den Zucker solange verrühren, bis sich der Zucker vollständig aufgelöst hat. Wer mag, kann noch Vanilleschoten, Zimt oder andere Gewürze dazu geben. Das Gefäß mit einem Deckel oder Teller locker verschließen. Nach 48 Stunden sind die Früchte fertig fermentiert und sollten alsbald verzehrt werden, da hier der Gärungsprozess stetig weiter fortschreitet.

OBST - RELISH / CHUTNEY

Wenn Sie exotische Gerichte lieben, werden Sie um ein Chutney aus Obst und scharfen Gewürzen nicht herum kommen. Besonders lecker sind Obst-Chutneys, wenn sie mit Zwiebeln, Knoblauch, Chili und Ingwer gewürzt werden.

OBST - LIKÖRE

Zwar kann man mit einem selbst angesetzten Likör nicht so große Mengen an Obst verarbeiten, aber den Geschmack der Früchte im Sommer können Sie dennoch für einen langen Zeitraum einfangen. Aus den Früchten lässt sich nach der Likörherstellung immer noch ein sehr leckeres Kompott machen oder man verzehrt die beschwipsten Früchte mit Vanillesoße oder einer leckeren Kugel Eis. Aber Achtung, die mit Alkohol durchgezogenen Obststücke haben es in sich und sind für Kinder und Jugendliche nicht geeignet.

FÜR EINEN SELBST AUFGESETZTEN LIKÖR BENÖTIGEN SIE:

- Früchte Ihrer Wahl
- Alkohol mit mindestens 40 % Vol. (Doppelkorn, Wodka, Obstbrand, Rum oder Whiskey, je nach Obstsorte und Vorlieben)
- Zucker

UND JE NACH GESCHMACK UND BELIEBEN GEWÜRZE WIE:

- Vanilleschote
- Zimt
- Nelken
- Ingwer

Das Obst wird gewaschen, abgetrocknet, von schadhaften Stellen befreit und klein geschnitten (Beeren dürfen auch leicht gequetscht werden). Dann zusammen mit dem Zucker und dem Alkohol in ein sterilisiertes Gefäß füllen, gut verschließen und für mehrere Tage oder auch Wochen an einem warmen Ort ruhen lassen.

Nach der Reifezeit (diese variiert je nach Obstsorte und Rezept zwischen drei und acht Wochen) wird der Inhalt durch ein feines Sieb oder Tuch gefiltert, damit sich keine Trübstoffe mehr in der aufgefangenen Flüssigkeit befinden.

Wem der Alkoholgehalt noch zu hoch ist, der kann den Likör mit einer Zuckerlösung noch etwas verdünnen. Anschließend wird der Likör in saubere Flaschen gefüllt und an einem kühlen, dunklen Ort bis zum Genuss aufbewahrt.

Freunde von Hochprozentigem können den Zucker und vor allem die Zuckerlösung weglassen und haben dann einen leckeren, fruchtigen Ansatzschnaps.

7.3. KRÄUTER HALTBAR MACHEN

Obwohl sich die meisten Kräuter durchaus ganzjährig auf der Fensterbank oder einem Fächer-Hochbeet in der Wohnung ziehen lassen, können sie zur Bevorratung auch in den unterschiedlichsten Formen haltbar gemacht werden.

KRÄUTER - EINFRIEREN

Viele Kräuter behalten durch das Einfrieren sowohl ihre Farbe als auch ihr intensives Aroma. Sie können Sie einzeln oder auch als Kräutermischung einfrieren. Damit Sie immer die richtige Portion zur Verfügung haben, bietet sich bei Kräutern das Einfrieren in Eiswürfelbehältern an.

Die Kräuter sollten direkt nach der Ernte verlesen, gewaschen und trocken getupft werden. Anschließend können sie je nach Belieben klein geschnitten werden. Größere Mengen Kräuter können Sie in geeigneten Behältnissen oder Gefrierbeuteln luftdicht verpacken und direkt in der Gefriertruhe aufbewahren. Wenn Sie die Kräuter in Eiswürfelbehälter füllen möchten, geben Sie so viele Kräuter in die einzelnen Mulden des Eiswürfelbehälters, bis diese zu zwei Drittel befüllt ist. Je nach Geschmack können Sie etwas Wasser, Wein oder Öl in die Mulden füllen und den Eiswürfelbehälter dann in die Gefriertruhe geben. Bei Bedarf entnehmen Sie die gewünschte Menge Kräuterwürfel und fügen sie den Speisen während des Kochens zu.

ZUM EINFRIEREN EIGNEN SICH KRÄUTER WIE:

- Bärlauch,
- Dill,
- Basilikum,
- Liebste,

- Minze,
- Petersilie,
- Schnittlauch,
- Knoblauchgras sowie
- Koriander

besonders gut. Andere Kräuter wie Rosmarin, Salbei oder Thymian würden durch das Einfrieren zu viel Aromen verlieren und sollten besser getrocknet werden.

Wer ganze Kräuterzweige oder Büschel einfrieren möchte, kann diese aus Platzgründen auch vor dem Einfrieren vakuumieren.

KRÄUTER - TROCKNEN

Die wohl bekannteste Methode Kräuter über einen längeren Zeitraum haltbar zu machen, ist das Trocknen. Im Prinzip eignen sich sämtliche Kräutersorten zum Trocknen. Dazu werden die Kräuterzweige zu kleinen Sträußchen gebunden und kopfüber an einem trockenen, nicht zu hellen Ort aufgehängt, bis sie komplett durchgetrocknet sind. Alternativ kann man Kräuter auch im Backofen oder dem Dörrautomaten trocknen lassen. Allerdings verlieren viele Kräuter durch diese Trockenmethode einiges an wertvollen Aromen.

Nach dem Trocknen können die Blättchen von den Zweigen gestreift werden und in einem luftdicht verschlossenen Behältnis bis zu ihrer Verwendung aufbewahrt werden. So können Sie die Kräuter sowohl zum Würzen als auch zur Zubereitung von schmackhaften Tees verwenden.

DIE FOLGENDEN KRÄUTER BEHALTEN GERADE DURCH DAS TROCKNEN IHR INTENSIVES AROMA:

- Rosmarin
- Oregano

- Thymian
- Bohnenkraut
- Majoran
- Estragon
- Camille
- Pfefferminze
- Salbei
- Lavendel

KRÄUTER - EINLEGEN

Anders als bei eingelegtem Obst oder Gemüse, welches durch das Einlegen für den späteren Genuss haltbar gemacht werden soll, dienen Kräuter in Essig oder Öl in erster Linie dazu, diese zu aromatisieren. Hierfür werden die gewünschten Kräuter in eine Flasche mit Essig oder Öl gegeben und für einen längeren Zeitraum eingelegt. Solange frische Kräuter mit Essig oder Öl bedeckt sind, können Sie in der Flasche verbleiben. Sollen die Kräuter aus dekorativen Gründen länger in der Flasche bleiben, sollten Sie auf getrocknete Kräuterzweige zurückgreifen. Wird die Flasche angebrochen sollten Sie frische Kräuter entnehmen, damit diese nicht schimmeln können. Der mit Kräutern aromatisierte Essig eignet sich für Salatdressings oder zum Abschmecken von Soßen, Suppen und gekochtem Gemüse. Das Öl findet ebenfalls Verwendung in Salatdressings, Marinaden für Gemüse, Fisch oder Fleisch und zur Verfeinerung von fertig gekochten Gerichten.

Da in Öl eingelegte Kräuter im Kühlschrank sehr lange haltbar sind, können Sie die fein gehackten Kräuter auch in ein sterilisiertes Glas geben und mit hochwertigem Öl auffüllen, bis die Kräuter bedeckt sind. So können die Kräuter nach Belieben mit einem stets sauberen Löffel entnommen werden. Bitte achten Sie jedoch unbedingt darauf, dass die

Kräuter stets mit Öl bedeckt sind, damit sich kein Schimmel bildet. Eventuell können Sie etwas Öl in das Glas nachfüllen.

Tipp: Wenn Sie für Ihr Kräuteröl Kräuter mit heilender Wirkung verwenden, können Sie aus dem gefilterten Öl auch Heilsalben herstellen. Dafür erwärmen Sie das fertige Kräuteröl in einem Wasserbad und fügen die entsprechende Menge Bienenwachsperlen dazu. Wenn das Bienenwachs geschmolzen ist, füllen Sie die Flüssigkeit in vorher sterilisierte Cremetiegel. Wenn die Salbe abgekühlt ist, ist sie verschlossen für einige Wochen im Kühlschrank haltbar.

KRÄUTERSALZ

Eine ebenfalls sehr beliebte Art, Kräuter haltbar zu machen, ist die Herstellung von Kräutersalz. Hierfür können Sie entweder getrocknete Kräuter oder aber auch frische Kräuter verwenden. In manchen Rezepten wird bei der Verwendung von frischen Kräutern die Trocknung im Ofen empfohlen. Allerdings verflüchtigt sich dann bei manchen Kräutern das intensive Aroma.

KRÄUTERSALZ MIT GETROCKNETEN KRÄUTERN

Für diese sehr einfache Methode, Kräutersalz herzustellen, füllen Sie getrocknete Kräuter und grobes Meersalz zu gleichen Teilen in einen Mixer und malen die Mischung bis zum gewünschten Feinheitsgrad. Anschließend füllen Sie das Kräutersalz in gut verschließbare Gläser und bewahren diese an einem trockenen Ort auf.

KRÄUTERSALZ MIT FRISCHEN KRÄUTERN

Für diese Zubereitungsart werden die frischen Kräuter grob zerhackt und im Verhältnis 2:8 mit grobkörnigem Meersalz in einen Mörser geben und bis zum gewünschten Feinheitsgrad mit dem Mörser zerstoßen.

JE NACH REZEPT GIBT ES ZWEIERLEI EMPFEHLUNGEN ZUR AUFBEWAHRUNG:

Die Salz-Kräuter-Mischung direkt nach dem Zerkleinern in sterilisierte Gläser füllen und luftdicht verschließen. Zwar ist dieses Kräutersalz nicht unbegrenzt haltbar, dafür behält es aber sein intensives Aroma. Für diese Art Kräutersalz eignen sich Kräuter mit besonders intensiven Aromen wie Liebstöckel (Maggikraut), Petersilie oder Schnittknoblauch.

Eine weitere Möglichkeit ist, die Salz-Kräuter-Mischung vor dem Einfüllen in Gläser im Backofen zu trocknen. Dafür legen Sie ein Backblech mit Backpapier aus und verteilen die Kräuter-Salz-Mischung gleichmäßig auf der Oberfläche. Der Backofen sollte auf ca. 50 °C vorgeheizt werden. Schieben Sie das Backblech auf die mittlere Schiene und lassen Sie die Backofentür während des Trocknungsvorgangs einen Spalt weit geöffnet, damit die Feuchtigkeit entweichen kann. Sobald die Kräuter trocken sind füllen Sie das Kräutersalz in saubere Gläser und verschließen diese luftdicht.

Besonders hübsch sieht das Kräutersalz aus, wenn Sie vor dem Abfüllen in Gläser noch getrocknete essbare Blüten dazugeben.

KRÄUTERSCHNAPS ODER KRÄUTERLIKÖR

Auch aus Kräutern lassen sich wohltuende und wohlschmeckende Schnäpse oder Liköre ansetzen. Hierzu verwenden Sie am besten frische Kräuter, die Sie zerkleinert oder im Ganzen in weithalsige Gläser füllen und mit Alkohol auffüllen, bis die Kräuter gut bedeckt sind. Zum Reifen stellen Sie die verschlossenen Gläser an einen dunklen, warmen Ort. Damit sich die Aromen gut verteilen, sollten Sie die Gläser regelmäßig vorsichtig schwenken.

Nach einer Reifezeit von vier bis sechs Wochen wird der Alkohol durch ein Tuch oder einen Kaffeefilter abgeseiht, damit keine Trübstoffe in der fertigen Flüssigkeit verbleiben.

Um aus dem hochprozentigen Ansatzschnäpsen Likör zu gewinnen, werden diese mit einer Zuckerlösung verdünnt. Die fertige Zuckerlösung muss vorher unbedingt abgekühlt sein. Nachdem Sie den Kräuterschnaps und die Zuckerlösung vermischt und in saubere Flaschen abgefüllt haben, sollten Sie den Likör noch eine Weile an einem kühlen, dunklen Ort nachreifen lassen.

Tipp: In hochprozentigem Alkohol eingelegte Heilkräuter können als Tinktur zur äußerlichen Anwendung für allerlei Zipperlein verwendet werden oder tropfenweise in Wasser oder Tee gegen Husten und Erkältungsbeschwerden eingenommen, Linderung bringen. Dafür füllen Sie ein Glas dicht mit frischen Kräutern und übergießen diese mit dem Alkohol, sodass alle Kräuter bedeckt sind. Nach etwa vier Wochen filtern Sie die Tinktur durch ein Tuch und füllen sie in dunkle Flaschen ab.

Wie Sie sehen, können Sie auch mit einem kleinen Hochbeet ein ganze Menge Gemüse und Kräuter ernten, wenn Sie die Ernte zwischendurch haltbar machen und so Platz für weitere Gemüsepflanzen und Kräutersorten in Ihrem Selbstversorge-Hochbeet schaffen.

8. LECKERE REZEPTE FÜR DIE ERNTE AUS IHREM SELBSTVERSORGER-HOCHBEET

Neben einfrieren und trocknen bietet die Küche noch weit mehr Möglichkeiten, um Gemüse, Obst und Kräuter nach der Ernte für die Winterzeit haltbar zu machen. Dabei sollen die Nährstoffe, Vitamine und vor allem der Geschmack nicht nur erhalten, sondern nach Möglichkeit auch unterstrichen werden. Daher finden Sie nicht nur einige Grundrezepte für die Konservierung, sondern auch spezielle Rezeptideen, die Ihnen bestimmt schmecken werden.

GRUNDREZEPT FÜR SÜßSAUREN SUD ZUM EINKOCHEN

Am besten schmeckt Obst und Gemüse, wenn es süßsauer eingemacht wird. Der Grund-Sud kann je nach Geschmack sowie Lust und Laune mit Kräutern und Gewürzen verfeinert werden. In der Regel rechnet man pro Kilogramm Früchte einen Liter Flüssigkeit.

ZUTATEN:

1,5 Liter	Wasser
0,5 Liter	Apfelessig
0,5 Liter	Rot- oder Weißwein
400 Gramm	Zucker oder Honig

ZUBEREITUNG:

Alle Zutaten in einen großen Topf geben und aufkochen lassen. Der fertige Sud kann abgekühlt oder noch heiß über die in Weckgläser gefüllten Früchte (Obst oder Gemüse) gegeben werden.

SÜSSAUER EINGELEGTE RADIESCHEN ODER RETTICH

ZUTATEN:

500 Gramm	Radieschen oder Rettich
0,5 Liter	süßsaurer Grund-Sud (siehe Seite xx)
½ TL	Senfkörner
½ TL	Salz
½ TL	Pfefferkörner
2	Gewürznelken
1	kleines Lorbeerblatt

ZUBEREITUNG:

Die Radieschen (oder den Rettich) gründlich waschen und abtrocknen. Anschließend werden die Radieschen in Scheiben geschnitten und in sterilisierte Einmachgläser geschichtet. Geben Sie die Gewürze gleichmäßig zwischen die Schichten aus Radieschenscheiben und übergießen Sie das Ganze mit dem kochend heißen Sud. Die Radieschen können gerne bis 2 cm unter den Rand eingefüllt werden, der Sud sollte bis knapp unter den Rand aufgefüllt sein. Nun die Gläser fest mit dem Deckel verschließen und abkühlen lassen. Wer auf Nummer sicher gehen möchte, kann die verschlossenen Gläser auch in einem großen Topf oder dem Backofen wie in Kapitel 7 beschrieben, noch einmal einkochen.

EINGELEGTE KIRSCHTOMATEN

ZUTATEN:

1 Kilo	gelbe und rote Kirschtomaten (Sie können natürlich auch nur rote nehmen)
1 Liter	Grund-Sud
1 TL	Salz
1 EL	Pfefferkörner
1 Zweig	Rosmarin
1 Zehe	Knoblauch

ZUBEREITUNG:

Die Tomaten ringsherum mit einer dickeren Nadel einstechen, Knoblauchzehe schälen und in Scheiben schneiden. Die Tomaten mit der Knoblauchzehe, dem Rosmarinzweig und den Pfefferkörnern in sterilisierte Weckgläser geben. Den Sud aufkochen und das Salz hinzufügen. Die gefüllten Gläser mit dem kochenden Sud bis knapp unter den Rand aufgießen und sofort verschließen. Für zwei bis drei Wochen an einem kühlen Ort ziehen lassen. Je länger Sie die Vorfreude auskosten, umso größer wird der Genuss werden. Damit die Tomaten ihren Biss behalten, sollten Sie nicht mehr weiter eingekocht werden.

WINTERGURKENSALAT IM GLAS

ZUTATEN:

4	Schlangengurken
0,5 Liter	Grund-Sud
200 Gramm	Zwiebeln
1 Stück	Meerrettichwurzel
1 Bund	Dill
1 EL	Senfkörner

ZUBEREITUNG:

Die Gurken schälen und in 0,5 cm dicke Scheiben schneiden. Die Zwiebeln schälen und ebenfalls in Scheiben schneiden. Nun die Gurkenscheiben zusammen mit den Zwiebeln in eine Schüssel geben und mit Salz bestreuen. Gut durchmischen und für einige Stunden abgedeckt ziehen lassen. Den Meerrettich schälen und in dünne Scheiben schneiden. Den Grund-Sud aufkochen und das Gurkenwasser aus der Schüssel hinzufügen. Eventuell noch mit 250 Milliliter Essig abschmecken. Die Gurken- und Zwiebelscheiben mit Dill, Meerrettich-Scheiben, Senfkörnern und – je nach Geschmack – einigen Lorbeerblättern in sterilisierte Gläser füllen und mit dem noch kochenden Sud übergießen. Gläser sofort fest verschließen. Für längere Haltbarkeit zusätzlich für 30 Minuten bei 80 °C einkochen.

SÜßSAURES BIRNENKOMPOTT MIT ZIMT

ZUTATEN:

1 Kilo	Birnen
125 ml	Weißweinessig
1 Liter	Wasser
1 Liter	Grund-Sud
1 Stange	Zimt
3	Gewürznelken
ggf.	Schale einer Bio-Zitrone

ZUBEREITUNG:

125 ml Weißweinessig mit 1 Liter kaltem Wasser in einer großen Schüssel vermischen. Die Birnen schälen, vierteln, das Kerngehäuse entfernen und sofort in das Essigwasser legen, damit sich die Birnen nicht verfärben. Nun den Grund-Sud aufkochen und den Zimt, die Gewürznelken und – wer mag – noch die Schale einer Bio-Zitrone dazugeben und mit aufkochen. Nun die Birnen in den Sud geben und bissfest garen. Die Birnen in sterilisierte Gläser füllen, die Gewürze aus dem Sud entfernen und den Sud noch einmal aufkochen lassen und über die Birnen geben. Gläser sofort fest verschließen und auskühlen lassen.

Sie können die Birnen auch roh ins Glas geben und mit dem Sud übergießen. Dann müssen die gefüllten Gläser allerdings noch für 30 Minuten bei ca. 90 °C eingekocht werden.

MEDITERRANE ZUCCHINI MIT KNOBLAUCH IM GLAS

ZUTATEN:

1 Kilo	Zucchini
1 Knolle	Knoblauch
200 Gramm	Schalotten oder sehr kleine Zwiebel
je 1 Zweig	Rosmarin, Thymian, Salbei
½ EL	Pfefferkörner
1 TL	Fenchelsamen
1 EL	Salz
1 Liter	Grund-Sud

ZUBEREITUNG:

Die Zucchini gründlich waschen und abtrocknen und in 5 mm dicke Scheiben schneiden. Knoblauchzehen und Schalotten von der Schale befreien und die Kräuter abbrausen und trocken schütteln. Den Grund-Sud aufkochen und die Pfefferkörner und das Salz hinzufügen.

Zucchini, Zwiebeln, Knoblauch und die Kräuter sowie den Fenchelsamen in sterilisierte Gläser füllen und mit dem noch kochenden Sud übergießen. Anschließend die Gläser fest verschließen und bei 80 °C in einem großen Topf oder im Backofen einkochen.

IN OLIVENÖL EINGELEGTE PAPRIKA

ZUTATEN:

1 Kilo	Paprika (gerne rote und gelbe gemischt)
1 Knolle	Knoblauch
1 EL	Pfefferkörner
	hochwertiges, kalt gepresstes Olivenöl

ZUBEREITUNG:

Die Paprika unter heißem Wasser abwaschen und der Länge nach halbieren. Kerne und die weißen Innenhäute gründlich entfernen. Den Ofen auf 250 °C vorheizen und die Paprikahälften auf ein mit Backpapier ausgelegtes Blech geben. Sobald die Haut Blasen wirft und dunkelbraun bis schwarz wird, sind die Paprika fertig. Die heißen Paprikahälften zum Abkühlen in eine Schüssel geben und diese mit einem feuchten Tuch abdecken. So lässt sich die Haut ganz einfach abziehen, bevor Sie die Paprika in Öl einlegen können.

Die Knoblauchzehen von der Schale befreien und mit den Pfefferkörnern zu den Paprikaschoten in sterilisierte Gläser geben. Nun mit reichlich Olivenöl übergießen, bis die Gemüsefüllung gründlich mit Öl bedeckt ist. Die Gläser luftdicht verschließen und an einem kühlen Ort für ein paar Tage ruhen lassen. Geöffnete Gläser im Kühlschrank aufbewahren und rasch verzehren.

Hinweis: Statt Paprika können Sie auch Zucchini, Möhren, Auberginen oder Fenchel in Öl einlegen. Zucchini und Auberginen am besten ebenfalls im Backofen kurz grillen, Fenchel, Möhren oder andere feste Gemüsesorten kurz in Brühe bissfest garen.

KNOBLAUCH MIT KRÄUTERN IN ÖL

ZUTATEN:

250 Gramm	Knoblauch
½ TL	Salz
je 1 kl. Zweig	Thymian, Rosmarin
0,5 Liter	hochwertiges Olivenöl

ZUBEREITUNG:

Die Knoblauchzehen schälen. 0,5 Liter Wasser zum Kochen bringen und das Salz hineingeben. Nun die geschälten Knoblauchzehen darin für zwei bis drei Minuten blanchieren. Abgießen und abkühlen lassen. Die Kräuter und die abgekühlten Knoblauchzehen in ein sterilisiertes Glas geben und mit dem Olivenöl übergießen, bis alles reichlich bedeckt ist. Die Gläser luftdicht verschließen und für 2 Wochen an einem dunklen Ort ziehen lassen.

SALZGURKEN

ZUTATEN:

½ Kilo	Snackgurken oder kleine Gurken
½ Liter	Wasser
25 Gramm	Salz
1 Bund	frischen Dill
1 TL	Pfefferkörner
pro Glas 1	Lorbeerblatt

ZUBEREITUNG:

Der Steinguttopf oder die weithalsigen Weckgläser müssen sehr penibel sauber und sterilisiert sein, bevor die Gurken dicht an dicht eingefüllt werden. Vor dem Einfüllen die Gurken gründlich waschen und mit einer dickeren Nadel ringsherum die Schale anstechen. Zwischen die Gurken, den Dill und die Pfefferkörner geben. Je nach Geschmack noch ein kleines Lorbeerblatt hinzufügen. Nun das Wasser darauf geben und das Salz hinzufügen, noch einmal wallend aufkochen und eventuell mit einem Schuss Weißweinessig abschmecken. Dann das kochende Salzwasser über die Gurken im Steinguttopf oder Weckglas geben, sodass diese vollkommen mit Wasser bedeckt sind. Notfalls noch etwas mehr Salzwasser kochen und ergänzen. Nun über die Öffnung des Gefäßes ein sauberes Baumwolltuch mithilfe eines stabilen Ringgummis befestigen und den Deckel drauflegen. Am besten man beschwert den Deckel mit einem sauberen Stein oder einem Gefrierbeutel, der mit Wasser gefüllt ist. Dann müssen die Gurken für ca. zehn bis vierzehn Tage ziehen.

Wenn Sie zwischendurch die Gurken einmal kosten möchten, dürfen diese nur mit sauberem Besteck oder einer sauberen Zange entnommen werden. Die Gurken müssen während der Fermentierung immer gut mit Salzwasser bedeckt sein, da sie sonst anfangen zu schimmeln. Bei Bedarf mit frischer Salzlösung auffüllen.

EINGELEGTER BOHNENSALAT

ZUTATEN:

1 Kilo	dünne Bohnen
fünf	Gewürznelken
1 Stange	Zimt
1 TL	Salz
1,5 Liter	Wasser

ZUBEREITUNG:

Die Bohnen zunächst putzen und waschen. Das Wasser aufkochen, Salz hinzufügen und die Bohnen für maximal fünf Minuten darin kochen. Abgießen und mit Eiswasser abschrecken, damit sie ihre satt grüne Farbe behalten. Die abgetropften Bohnen mit der Zimtstange und den Nelken in ein sterilisiertes Weckglas schichten. Den Grund-Sud aufkochen und über die Bohnen geben. Die Gläser fest verschließen und für 60 Minuten bei ca. 90 °C einkochen.

Sie können je nach Geschmack zu den Bohnen auch Zwiebeln, Knoblauch oder Bohnenkraut dazugeben.

SELBSTGEMACHTER TOMATENKETCHUP

ZUTATEN:

2,5 Kilo	fleischige Tomaten (Ochsenherz)
½ Kilo	rote Zwiebeln
2–3 Zehen	Knoblauch
250 ml	Rotweinessig
3	Lorbeerblätter
150 g	Zucker
1 TL	edelsüßes Paprikapulver
2 TL	Salz
1 TL	schwarzer Pfeffer gemahlen
½ TL	Muskatnuss gemahlen
je ½ TL	Petersilie, Liebstöckel, Thymian (getrocknet oder frisch)
1 Prise	Nelken gemahlen

ZUBEREITUNG:

Die Zwiebeln schälen und in Würfel schneiden, die Tomaten waschen und ebenfalls in größere Würfel schneiden, den Knoblauch schälen und fein hacken. Nun die Zwiebelwürfel in einem breiten Topf mit etwas Olivenöl anbraten und den Zucker leicht karamellisieren lassen. Nun die Tomaten, den Essig, den Knoblauch und die Gewürze zufügen und alles für ca. 45 Minuten köcheln lassen. Die Tomatenmasse durch ein feines Sieb streichen und nochmals aufkochen lassen. Eventuell mit den Gewürzen abschmecken.

Wer sein Tomatenketchup gerne mit einer Curry-Note haben möchte oder es etwas schärfer liebt, kann mit Currypulver oder Chilipulver den Geschmack noch verfeinern. Anschließend die noch kochende Tomatenmasse in sterilisierte Gläser oder Glasflaschen füllen und sofort luftdicht verschließen.

LECKERE TOMATENSOßE

ZUTATEN:

2 Kilo	fleischige Tomaten
5 Zehen	Knoblauch
1 kleiner	Sellerie
5 mittlere	Möhren
5	rote Zwiebeln
¼ Liter	Rotwein
1 EL	Olivenöl
¼ Liter	Gemüsebrühe
2–3 Zweige	Rosmarin, Thymian, Oregano, Salbei, Basilikum
1 TL	Salz
1 TL	Pfeffer
1 TL	Zucker

ZUBEREITUNG:

Tomaten in größere Würfel schneiden. Sellerie, Möhren, Zwiebeln und Knoblauch schälen und klein schneiden. Die Kräuterblättchen von den Stielen abzupfen und fein hacken. Zwiebeln in Olivenöl andünsten und mit dem Zucker karamellisieren lassen. Sellerie und Möhren zugeben und etwas schärfer anbraten. Mit Rotwein ablöschen und die Tomaten zugeben. Nun die Gewürze, die Kräuter und die Gemüsebrühe zugeben und alles für ca. 30 Minuten köcheln lassen. Knoblauch hinzufügen und weitere 5 Minuten köcheln lassen. Mit einem Stabmixer pürieren und mit Salz, Pfeffer und eventuell etwas Zucker und Brühe abschmecken. Noch kochend heiß in sterilisierte Gläser füllen und sofort luftdicht verschließen. Die Soße schmeckt pur oder auch mit Hackfleisch gemischt zu Spaghetti oder kann überall da verwendet werden, wo das Rezept nach passierten Tomaten oder Tomatensoße verlangt.

Mit etwas Rotwein, Brühe und einem kräftigen Schuss Sahne haben Sie aus der Tomatensoße im Handumdrehen eine schmackhafte Tomatensuppe gezaubert.

ZWIEBEL-RELISH MIT ROTER PAPRIKA

ZUTATEN:

1 Kilo	Zwiebeln
2	große rote Paprika
2 EL	Olivenöl
¼ Liter	Weißwein
2 cl	Weißweinessig
1 TL	Salz
1 EL	Honig
½ TL	Pfeffer
½ TL	edelsüßes Paprikapulver

ZUBEREITUNG:

Die Zwiebeln schälen, halbieren und in Scheiben schneiden. Die Paprikaschoten halbieren, Kerne und die weiße Haut entfernen und in mundgerechte Stücke schneiden. Das Öl in einer Pfanne erhitzen und die Zwiebelscheiben und die Paprika darin andünsten. Sobald erste Röstaromen entstehen, die Zwiebeln mit Weißwein ablöschen. Nun den Honig, Salz und Pfeffer sowie das Paprikapulver hinzugeben und mit Essig abschmecken. Wer möchte, kann noch einen Zweig Rosmarin mit dazu geben. Das kochend heiße Gemüse in sterilisierte Gläser füllen und diese sofort luftdicht verschließen. Zum Abkühlen können die Gläser auch auf den Kopf gestellt werden.

MÖHREN-CHUTNEY

ZUTATEN:

½ Kilo	Möhren
1	säuerlicher Apfel
1	Zwiebel
3	Knoblauchzehen
1 EL	Oliven- oder Rapsöl
½ TL	Salz
1 Prise	gemahlener Zimt
einige Blätter	Liebstöckel
½ Bund	glatte Petersilie
5 cl	Apfelessig
1 TL	Honig

ZUBEREITUNG:

Die Möhren, die Zwiebeln und die Äpfel schälen. Die Möhren in dünne Scheiben, den Apfel und die Zwiebeln in kleine Würfel schneiden. Die Knoblauchzehen abziehen, die glatte Petersilie und den Liebstöckel fein hacken. Das Öl in einer Pfanne erhitzen und die Zwiebel darin leicht bräunen lassen. Nun die Möhren, den Apfel, den Knoblauch und die Kräuter hinzufügen und alles kurz im Öl anbraten. Salz, Zimt und Honig dazugeben und mit Apfelessig aufgießen. Die Möhren bis zur gewünschten Bissfestigkeit garen und mit einem Stabmixer oder Kartoffelstampfer leicht anpürieren. Mit Salz, Pfeffer und Honig abschmecken und noch kochend heiß in vorher sterilisierte Gläser füllen und diese sofort luftdicht verschließen.

ROTE BETE CHUTNEY

ZUTATEN:

2	mittelgroße Rote Bete Kugeln
1	süßer Apfel
2	rote Zwiebeln
1	Bio-Zitrone
1 EL	Honig
8 cl	Rotweinessig oder Balsamico
etwas	gemahlenen Kümmel
½ TL	frisch gemahlenen Pfeffer
1 Messersp.	Zimt gemahlen
½ TL	Salz
1 Prise	Cayennepfeffer oder Chilipulver

ZUBEREITUNG:

Rote Bete, Apfel und Zwiebeln schälen und in kleine Würfel schneiden. Das Gemüse mit dem Saft der Zitrone, dem Essig und dem Honig gut vermischen und in einen Topf geben. Die Gewürze unterheben und die Mischung für ca. eine Stunde sanft köcheln lassen. Wenn die Rote Bete weich gekocht ist und das Gemüse insgesamt eine sämige Konsistenz hat, mit Salz und Pfeffer abschmecken und noch kochend heiß in sterilisierte Gläser füllen. Diese sofort fest verschließen und zum Abkühlen auf den Deckel stellen. Vor dem Genuss mindestens zwei bis drei Tage durchziehen lassen.

FERMENTIERTE SAUERKIRSCHEN

ZUTATEN:

½ Kilo	Sauerkirschen
½ Kilo	Zucker
½ Würfel	Hefe
½	Vanilleschote
1	Zimtstange

ZUBEREITUNG:

Die Sauerkirschen waschen, trocknen und entsteinen. In einer Schüssel mit dem Zucker vermischen. Die Hefe in wenig heißem Wasser auflösen und zu der Kirsch-Zucker-Mischung geben. Nun die Sauerkirschen in ein weites Weckglas füllen, sodass noch mindestens 3 cm bis zum Rand frei bleiben. Die halbe Vanilleschote sowie eine Stange Zimt zu den Sauerkirschen ins Glas geben und das Glas mit einem Baumwolltuch bedecken. Nun den Deckel auflegen, aber nicht zuschrauben. Die Sauerkirschen für 2 Tage an einem kühlen, dunklen Platz fermentieren lassen und dann zügig verzehren.

HERZHAFTES HIMBEER-CHUTNEY

ZUTATEN:

250 Gramm	frische Himbeeren
5 cl	milden Essig (z.b. weißen Balsamico)
100g	Honig
2 TL	Rosinen
1 Scheibe	frischen Ingwer (ca. 1 cm)
½ TL	Chiliflocken
etwas	Meersalz

ZUBEREITUNG:

Honig und Essig in einen Topf geben und zum Kochen bringen. Rosinen und Ingwer fein hacken, zusammen mit den Himbeeren und den Chiliflocken in die Honig-Essig-Lösung geben. Für etwa eine Viertelstunde leicht köcheln lassen, mit Salz abschmecken und noch heiß in sterilisierte Gläser füllen, sofort verschließen und abkühlen lassen.

FRUCHTIGER ESSIG

ZUTATEN:

½ Liter   milden Essig
500 Gramm   Himbeeren oder Erdbeeren

ZUBEREITUNG:

Um Salaten oder Marinaden das gewisse Etwas zu verleihen, ist Essig mit einem fruchtigen Aroma unschlagbar. Dafür die Himbeeren oder Erdbeeren vorsichtig ernten und nur die festen Exemplare für die Essigzubereitung verwenden. Die Beeren nicht waschen, sondern nur von Blättern befreien. In ein Glas füllen und mit dem Essig übergießen. An einer warmen, sonnigen Fensterbank für zwei Wochen reifen lassen und täglich zweimal das Glas vorsichtig schwenken. Nach Ablauf der Reifezeit den Essig durch ein Baumwolltuch filtern und in sterilisierte Flaschen abfüllen. Den Essig an einem kühlen, dunklen Ort aufbewahren.

KRÄUTERESSIG

ZUTATEN:

2 Bund	frische Kräuter wie Rosmarin, Thymian, Basilikum oder Salbei
½ Liter	milden Essig

ZUBEREITUNG:

Die Kräuter am späten Vormittag ernten, wenn der Tau vollständig abgetrocknet ist und nicht waschen. In Gläser geben, mit dem Essig aufgießen und fest verschließen. Für mindestens zwei Wochen auf der Fensterbank reifen lassen. Dann den Essig durch ein Baumwolltuch filtern und in Flaschen umfüllen.

KRÄUTERÖL

ZUTATEN:

2 Bund	frische Kräuter wie Rosmarin, Thymian, Basilikum oder Salbei
½ Liter	kalt gepresstes Oliven- oder Rapsöl

ZUBEREITUNG:

Am besten werden die Kräuter im Laufe des Vormittags geerntet, wenn der Tau abgetrocknet ist. Dann die Kräuter in ein Glas geben und mit dem Öl aufgießen. Wer mag, kann noch Pfefferkörner, getrocknete Chilischote oder ungeschälte Knoblauchzehen mit ins Glas geben. Nun das Öl für einige Tage durchziehen lassen. Danach am besten die Kräuter und sonstigen Zutaten aus dem Öl entfernen und das Kräuteröl in saubere Flaschen umfüllen. Wenn Sie getrocknete Kräuterzweige verwenden, können diese auch direkt in die Öl-Flasche gegeben werden und brauchen nicht entfernt zu werden.

LIEBSTÖCKEL-SALZ

ZUTATEN:

250 Gramm   frische Liebstöckel-Blätter
500 Gramm   grobes Meersalz

ZUBEREITUNG:

Den Liebstöckel grob hacken und portionsweise mit der doppelten Menge Meersalz in eine Mörserschale geben. Nun die Liebstöckel-Salz-Mischung mit dem Mörser zerkleinern und mischen. Anschließend in Schraubgläser füllen. Die Mischung ist für etliche Wochen haltbar, auch wenn der Liebstöckel vorher nicht getrocknet wurde und gibt den Speisen ein herrliches Aroma. Diese Art Kräutersalz lässt sich mit fast allen Küchenkräutern herstellen. Wichtig für die Konservierung ist es, genügend Salz zu verwenden.

FRITTIERTE BRENNNESSELBLÄTTER

ZUTATEN:

eine Hand voll frische, große Brennnesselblätter

½ Liter Öl

ZUBEREITUNG:

Die Brennnesselblätter abbrausen und trocken tupfen ohne sie zu zerkleinern. Das Öl in einem Topf erhitzen bis bei der Kochlöffel Probe kleine Bläschen aufsteigen. Nun die Brennnesselblätter einzeln kurz von beiden Seiten im Öl frittieren. Wenn Sie eine sattgrüne Farbe haben, sind sie genau richtig. Auf Küchenpapier zum Abtropfen legen. Die Blätter bleiben so auch nach dem Abkühlen schön knusprig. Sie sehen nicht nur ausgesprochen dekorativ aus, sondern schmecken auch sehr interessant.

PESTO AUS GARTENKRÄUTERN

ZUTATEN:

2 Bund	frische Gartenkräuter
25 Gramm	Sonnenblumenkerne geschält oder Pinienkerne
4	Knoblauchzehen
1 Messersp.	Salz und Pfeffer
50 ml	kalt gepresstes Olivenöl
50 Gramm	geriebenen Parmesan

ZUBEREITUNG:

Die Sonnenblumen- oder Pinienkerne in einer beschichteten Pfanne ohne Zugabe von Öl oder Fett rösten. Die Kräuter waschen, trocken tupfen und von den Stielen abzupfen. Eventuell grob zerkleinern. Den Knoblauch schälen und grob hacken. Sämtliche Zutaten in einen Mixer geben und zur gewünschten Konsistenz pürieren. Eventuell etwas Öl zugeben.

Mit Salz und Pfeffer abschmecken und in sterilisierte Gläser füllen.

ROSMARINWEIN

ZUTATEN:

2 Tassen	frische Rosmarinnadeln
1 Liter	trockenen Weißwein

ZUBEREITUNG:

Den Wein und die Rosmarinnadeln in ein sterilisiertes Glasgefäß geben und für zwei bis drei Tage an einem warmen Ort ziehen lassen. Dabei mehrmals gut durchschwenken. Den fertigen Kräuterwein durch ein Baumwolltuch filtern und in dunkle Flaschen füllen.

Hinweis: Rosmarinwein oder allgemein Kräuterweine gelten als Heilweine, wenn Sie Schnapsgläschenweise eingenommen werden. Wer aber einen edlen Tropfen nicht nur in den Koch, sondern auch ins Essen geben möchte, kann mit Kräuterwein herrliche Aromen hervorrufen.

BESCHWIPSTE BEEREN

ZUTATEN:

600 Gramm	gemischte Beeren
200 Gramm	Zucker
0,7 Liter	Korn oder Obstler

ZUBEREITUNG:

Die Beeren gründlich verlesen, waschen und trocken tupfen. Anschließend in einer Schüssel mit dem Zucker vermischen und in weithalsige Gläser füllen. Mit Korn oder Obstler auffüllen, bis die Früchte gut bedeckt sind. Das Glas fest verschließen und an einem kühlen, dunklen Plätzchen reifen lassen. Nach zwei bis drei Tagen können die Beeren (oder Früchte Ihrer Wahl) genossen werden und sind für bis zu vier Wochen haltbar.

ERDBEERLIKÖR

ZUTATEN:

1 Kilo	frische Erdbeeren (am besten Walderdbeeren)
1 Liter	Wodka
300 Gramm	Zucker
½ Liter	Wasser
1 EL	Limettensaft

ZUBEREITUNG:

Die Erdbeeren waschen, vom Strunk befreien und im Mixer pürieren. Das Erdbeermus zusammen mit dem Wodka und dem Saft einer Limette in ein Glasgefäß geben und für ca. vier Wochen reifen lassen. Das Wasser und den Zucker in einem Topf aufkochen und abkühlen lassen. Dann mit dem Erdbeer-Ansatz mischen und in Flaschen füllen.

9. SCHLUSSWORT

Das Leben ist viel zu kostbar und kurz, um auf so etwas Wichtiges wie gesunde Ernährung zu verzichten. Egal ob Sie etwas für Ihre Gesundheit tun möchten oder müssen, eine Diät machen wollen oder von den Skandalen der Lebensmittel- und Agrarindustrie genug haben, frisches Obst und Gemüse sowie Salate und Kräuter sind dabei unverzichtbar.

Während es in früheren Zeiten selbstverständlich war, wenigstens einen Teil des benötigten Obstes und Gemüses selbst anzubauen, ist es in der heutigen Zeit scheinbar in vielen Wohnsituationen unmöglich geworden, einen eigenen kleinen Gemüsegarten zu bestellen. So zumindest dachten Sie bisher, oder? Doch wie Sie jetzt erfahren haben, gibt es auch für all diejenigen, die nicht einmal einen kleinen Balkon oder eine Terrasse haben, durchaus die Möglichkeit, das ein oder andere Grünzeug auch in der Wohnung anzubauen.

Die sogenannten Naschgärten (nein, das ist kein Garten, in dem Gummibärbäumchen und Schokobananen wachsen) zielen zwar überwiegend auf Balkonbesitzer ab, lassen sich aber mit ein wenig Geschick auch auf der Fensterbank und im Wohnzimmer realisieren.
Die extra für kleine Hochbeete und geringes Platzangebot gezüchteten klein bleibenden Obst- und Gemüsesorten sind für die Selbstversorgung mit wenig Platz ein recht guter Lösungsansatz. Aber auch traditionelles Gemüse kann mit dem richtigen Know-how in einer ordentlichen Menge in einem Hochbeet angebaut werden.

Da jede Wohnsituation so individuell wie der persönliche Bedarf an frischem Gemüse, Salaten und Kräutern ist, wäre es am besten, wenn Sie sich von Grund auf selbst versorgen und auch Ihr persönliches Hochbeet selbst bauen. Ein paar Anleitungen und Vorschläge finden Sie bereits in diesem Buch. Sollte das richtige Hochbeet für Sie nicht dabei gewesen sein, lassen Sie sich einfach inspirieren und planen und bauen Ihr optimales Selbstversorger-Hochbeet nach Ihren Wünschen und Vorstellungen.

Mit den Informationen, Anleitungen und Tipps in diesem Buch werden Sie bald die ersten Erfolge beim Anbau Ihres eigenen Gemüses haben. Damit tun Sie nicht nur sich selbst etwas Gutes, sondern tragen einen wesentlichen Beitrag zum Schutz unserer Umwelt bei. Wenn Sie dann noch beim Zukauf von Lebensmitteln auf Regionalität und Saisonalität achten, haben Sie ein großes Plus an Qualität für Ihr Leben erreicht.

QUELLEN

- https://www.geniessergarten.de/fruchtfolge-im-gemuesegarten/
- https://www.gartendialog.de/mischkulturtabelle/
- https://www.gartenjournal.net/mischkultur-fruchtfolge
- https://www.wohnwagon.at/ich-bau-mir-einen-permakultur-garten-die-basics/
- https://www.gartenjournal.net/permakultur-garten-planen
- https://hochbeet.stangl.eu/hochbeet-in-permakultur/
- https://www.alternativ-gesund-leben.de/selbstversorgung-auf-kleinstem-raum-wie-viel-quadratmeter-garten-oder-balkon-benoetigt-man-zur-vollstaendigen-selbstversorgung-mit-lebensmitteln/
- https://www.gartenjournal.net/hochbeet-permakultur
- https://www.alternativ-gesund-leben.de/selbstversorger-mit-kleinem-garten-oder-balkon-wie-man-auf-natuerlichem-weg-mehr-ertrag-auf-kleinstem-raum-erzeugen-kann/
- https://www.gartenjournal.net/schaedlinge-im-gemuesegarten
- https://www.gartentipps.com/hochbeet-auf-dem-balkon-anlegen-das-muessen-sie-alles-beachten.html
- https://biogreen.de/hochbeet-tipps/
- https://anstiftung.de/jdownloads/Webinare/gemuese-anbau.pdf
- http://mauerblumen.blogspot.com/2011/01/welches-gemuse-kann-in-topfen-gezogen.html
- https://u-farm.de/u-farm-magazin/tutorials/selbstversorgung/allgemein/der-start-in-die-selbstversorgung
- https://www.smarticular.net/gemuese-anbauen-ohne-garten-diese-gemuese-kannst-du-auch-der-wohnung-ziehen/
- https://www.1-2-do.com/projekt/untersetzer-aus-palettenholz-fuer-einen-blumenkuebel/bauanleitung-selber-bauen/4010466
- https://www.genialetricks.de/gemuese-in-der-wohnung/

- https://www.tomaten.de/tomaten-im-gewaechshaus-bestaeuben/
- https://toom.de/selbermachen/kreativwerkstatt/details/3829/#Selbstbau-Ideen
- https://www.plantura.garden/gruenes-leben/gemuese-im-herbst-anbauen-die-10-besten-pflanzen-fuer-die-nachkultur
- https://hochbeet.com/hochbeet-befuellen/#:~:text=Wenn%20Sie%20nicht%20gen%C3%BCgend%20Gartenabf%C3%A4lle,Drittel%20des%20Hochbeets%20damit%20auf.
- https://www.meine-ernte.de/kompost/
- https://www.ndr.de/ratgeber/garten/Kompost-richtig-anlegen-und-umsetzen,kompostieren101.html
- http://www.meinegartenwelt.com/news/alternativer-duenger.html#:~:text=Wasser%3A%20Kochwasser%20f%C3%BCr%20Gem%C3%BCse%20und,Aquarium%20eignet%20sich%20zum%20D%C3%BCngen.
- https://www.essen-und-trinken.de/relish
- https://www.hauptstadtgarten.de/rumtopf-rezept/
- https://www.mio-online.de/meine-kueche/rezepte/fermentierte-birnen-und-sauerkirschen
- https://www.essen-und-trinken.de/likoer/78139-rtkl-likoer-grundrezept-fuer-die-herstellung-zu-hause
- https://www.lecker.de/kraeuter-einfrieren-so-gehts-richtig-77846.html
- https://www.mein-schoener-garten.de/gartenpraxis/nutzgaerten/kraeuter-trocknen-35416
- https://landeszentrum-bw.de/,Lde/wissen/Ernaehrungsinformation/Lebensmittel/Kraeuter+haltbar+machen#:~:text=Einlegen%20in%20%C3%96l,bis%20die%20Kr%C3%A4uter%20bedeckt%20sind.

- https://www.kraeuter-buch.de/magazin/kraeutersalz-selbst-herstellen-rezepte-und-tipps-12.html
- http://www.bio-hochbeet.net/hochbeetfaqs/
- https://biogreen.de/hochbeet-tipps/
- https://www.mein-schoener-garten.de/gartenpraxis/nutzgaerten/gemueseanbau-grosse-ernte-auf-kleiner-flaeche-28681
- https://www.gartenjournal.net/hochbeet-im-winter
- https://www.gutekueche.at/kraeuter-pesto-rezept-21260
- https://www.essen-und-trinken.de/rezepte/49716-rzpt-pikantes-himbeer-chutney
- https://www.mio-online.de/meine-kueche/rezepte/fermentierte-birnen-und-sauerkirschen
- https://www.tastesheriff.com/es-wird-gegrillt-mit-leckerem-moehren-chutney/
- https://utopia.de/ratgeber/salzgurken-einlegen-ein-rezept-fuer-den-steintopf/

BÜCHER:

- Gärtner Pötschkes Großes Gartenbuch (6. Auflage von 1968), GÄRTNER PÖTSCHKE VERLAG
- essen & trinken Einmachen, Sonderausgabe von 1984, Naumann & Göbel Verlagsgesellschaft, Köln
- Dr. Oetker und Wolf: Das große Garten- und Kochbuch,1983 Ceres-Verlag, ISBN: 3-7670-0-171-3
- Halina Heitz: Balkon und Kübelpflanzen, 1991 Gräfe und Unzer GmbH
- Marie-Luise Kreuter: Der Bio Garten, 1988 BLV Verlagsgesellschaft mbH, München, ISBN: 3-405-13505-2

- Maren Bustorf-Hirsch + Michael Hirsch: Naturgemäß gärtnern, Reiche Ernte aus dem eigenen Garten,1994/1995 genehmigte Ausgabe für Bassermann`sche Verlagsbuchhandlung, ISBN: 3-8094-0108-0
- Anita Heßmann-Kosaris: Heilweine und Co., 2014 Kopp-Verlag, ISBN: 978-3-86445-146-1